虹桥史话

HONGQIAO SHIHUA

张乃清——著

上海闵行地方文史丛书（第二辑）

中西書局

图书在版编目(CIP)数据

虹桥史话/张乃清著.—上海:中西书局,2023
(上海闵行地方文史丛书.第二辑)
ISBN 978-7-5475-2107-6

Ⅰ.①虹… Ⅱ.①张… Ⅲ.①乡镇—地方史—闵行区
Ⅳ.①K295.15

中国国家版本馆 CIP 数据核字(2023)第 073946 号

虹桥史话

张乃清 著

责任编辑 刘 博
封面设计 梁业礼
责任印制 朱人杰
出版发行 上海世纪出版集团
中西書局(www.zxpress.com.cn)
地 址 上海市闵行区号景路 159 弄 B 座(邮政编码:201101)
印 刷 常熟市人民印刷有限公司
开 本 700 毫米×1000 毫米 1/16
印 张 11
字 数 157 000
版 次 2023 年 5 月第 1 版 2023 年 5 月第 1 次印刷
书 号 ISBN 978-7-5475-2107-6/K·428
定 价 78.00 元

本书如有质量问题,请与承印厂联系。电话:0512-52601369

上海闵行地方文史丛书

编委会

1999 年虹桥镇地图

1918 年《民国上海县续志》虹桥地图

前言 Preface

上海虹桥，如今是一个热词。2021 年 2 月，国务院批复了《虹桥国际开放枢纽建设总体方案》，提出由沪苏浙皖三省一市共建“大虹桥”，呈“一核两带”布局的“大虹桥”打破省级行政区划界线，令全世界刮目相待。

“虹桥”原本是一个集镇的历史地名，如今被到处“借用”，以致非本地人已经弄不清最初的“虹桥”在何处，究竟是何等模样，与上海这座城市有何情缘。

虹桥地区，自古是上海城乡交接地，特殊的地理位置使其展现出特殊的社会风情。这里有千年古刹安国寺，自然拥有千年乡土文化。这里的历史文化资源极为丰富，又极有特点。2019 年 9 月，《虹桥镇村宅志》正式出版，让虹桥人民重拾起几乎已经淡忘的共同记忆，弄清自己家园的本来面貌，同时也为社会各界研究中国农村发展和上海城市发展，提供了一份具有典型价值的基础性文献资料。若说《虹桥镇村宅志》揭开了历史大幕，那也许只是显露了“冰山一角”。今日《虹桥史话》抛砖引玉，或更能引发世人进一步探究的兴趣。

虹桥镇境内曾有虹桥、小闸、程家桥三个集镇，是极有故事的地方，均名声远扬，享誉江南。这三个集镇兴盛于不同的时代，形成了不同的模样，尤其是虹桥集镇清末民初的“乡贤美俗”、小闸集镇明清时代的“历史遗存”、程家桥集镇近代崛起的“都市后花园”，都以独特的人文风貌在上海城市发展史上留下了特殊的篇章。

从 1950 年至 2000 年，虹桥地区 16 个行政村内共有 128 个传统村宅，宅基规模大小不等,宅基风貌持续变化,宅基人口不断增加。在128个宅基之中,有107个宅基的地名以始迁者姓氏打头,而且有60个宅基名称首字与宅基村民姓氏第一大姓基本一致,其中有49个直至2010年仍维持原样比例,说明这些宅基的“乡土社会”比较稳定。这些宅基大多已有三四百年的变迁史,有的元代已经形成,有七百多年历史了;大多形成于明清时期。不少宅基的始迁者来自江苏、浙江、安徽诸省和浦东、青浦等邻县各地。深究村民的祖籍地,则与上海城区内海纳百川、五方杂处的人口结构基本相似,体现了这里作为上海城乡交接地的地域特点。

虹桥地区有些宅基因历史底蕴深厚而享有盛名:长春村周沈巷宅基是元末上海县首任知县周汝楫后裔的聚居地;新桥村薛更浪宅基是清代进士薛鼎铭的故里;井亭村井亭头宅基的“三和尚”传说流传了数百年;虹二村诸陈家宅宅基的“红色印记”光耀四乡。

这里是名扬世界的“都市后花园”,堪称上海城郊最典型的海派文化符号之一。幽静安逸的乡村风光中,有二百多处式样各异的豪华别墅和私家花园,形成“一方土地,两个世界”的局面。

这里长期是上海最重要的蔬菜生产基地之一,被誉为上海城市居民最贴心的“菜篮子”。从热衷“夯卖头”勤劳致富,到全力以赴为城市服务,“种菜想着吃菜人”的精神体现了虹桥人的传统特质,是一笔极为珍贵的精神遗产。

各村乡民都先后经历了始迁建宅、繁衍子孙、守护祖业、拓展民生、建设家园的艰辛岁月;经历了一次次天灾、人祸、兵火和田园丰收、节庆欢歌、社会改制的风云洗礼;经历了本区域逐步从乡村到城郊到城市的转型过程;经历了新中国不同时期率先探索农村所有制改造的甜酸苦辣;经历了集体经济从农业到乡镇工业到服务业的业态变化,经历了集体动迁告别祖传“血地”的情感交集。众多宅基顽强地以独特的形态、风物、习俗、经历展示了各自的理念和追求,一代代薪火相传,一步步提升完善,以致成为本地区一道道亮丽的人文风景线。

2011年,虹桥镇境内128个宅基全部动迁,3个集镇全部消失,16个行政村、138 个村民小组全部撤销，虹桥本地原有的家园风貌就此荡然无存。然而，家园的历史风貌依然铭刻在人们心中，当初集镇独有的“烟火气”和本地传统风俗习惯，成为乡人共同的记忆，而今的中老年人仍时常脱口而出、赞叹不已。尤其是那 16 家老号店铺以及“沈万兴酒菜店老板女儿所做熟食”“无锡老妈妈沿街叫卖的豆腐花”“徽帮人挑担叫卖的柴爿馄饨”“江苏盐城人现做现卖的海棠糕”等饮食小吃，实在令人难忘，被传为佳话。

习近平总书记再三号召我们：“把老祖宗留下的文化遗产精心守护好，让历史文脉更好地传承下去。”对历史必须有所敬畏，对故土乡愁必须妥善安放，这是任何一代人都应担当的责任。承前才能启后，继往才能开来，这是当下每个人都应践行的使命。保护和利用历史文化资源任重道远，让我们共同努力，承前启后，继往开来！

目录

Contents

前言 / 001

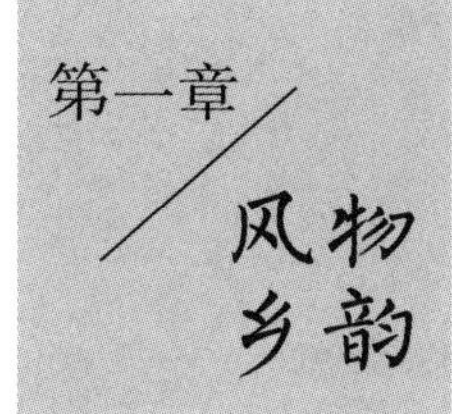

蒲汇塘水潺潺流 / 003

千年古刹安国寺 / 007

明代地方风情探寻 / 012

虹桥集镇五百年 / 015

小闸桥历史悬案 / 021

井亭头与井亭庙 / 025

蓬场庙历经沧桑 / 029

虹桥路“都市后花园” / 032

顾家花园秘闻 / 038

从程家桥到西郊公园 / 040

村宅奇观 / 045

本地盛行绞圈房子 / 051

传统地名的“文化密码” / 056

“虹南”在哪里 / 060

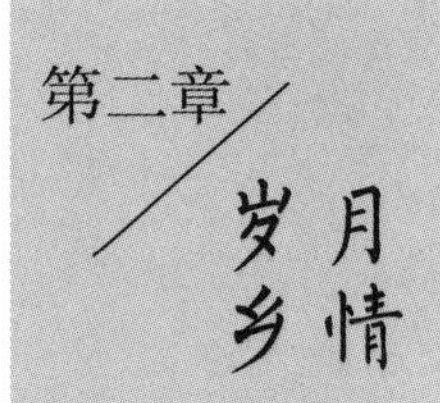

本地棉布业兴衰掠影 / 065

清代进士薛鼎铭 / 070

《星周纪事》实录咸丰兵灾 / 074

新桥王家轶事 / 079

顾家弄顾氏家族 / 085

地方自治开新篇 / 089

虹桥机场抗战事件 / 093

抗战时期报刊实录 / 098

殷丹天沉浮在抗战风云中 / 106

虹桥地区红色记忆 / 109

从“夯卖头”到“菜篮子工程” / 113

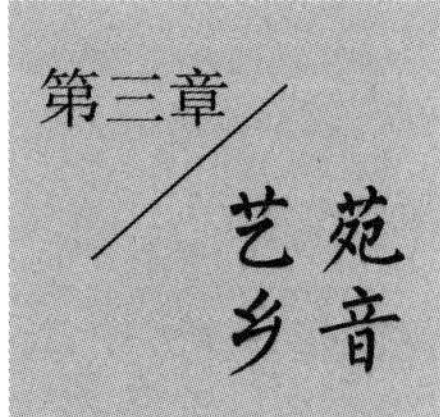

集镇传统演艺 / 123

民间歌手三毛哥 / 128

虹桥皮影戏班轶事 / 131

江南丝竹在虹桥 / 135

本地“回娘家”习俗 / 139

附录

历史大事记（1000—1950）/ 145
安国寺绍宗舍利塔祭文碑 / 154
故僧录司右善世一原宗法师塔铭碑 / 156
历代书目及作者 / 158

后记 / 159

第一章

风物乡韵

今人记忆中的安国寺风貌

20 世纪 80 年代虹桥风情之一(邵海木摄)

蒲汇塘水潺潺流

蒲汇塘曲曲弯弯，河水潺潺东流，至少已有两千多年了。河滩上自古独多香蒲草，俗称“水蜡烛”，因此古称“蒲溪”。

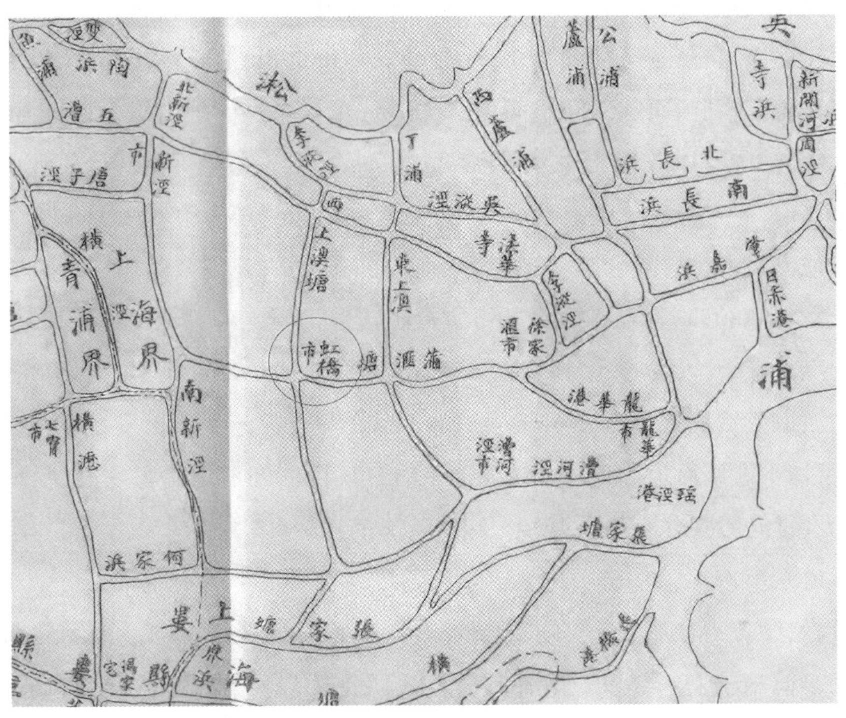

淞南水道地图

蒲汇塘上溯太湖，接松江九峰之秀，西受盘龙、泗泾、横泖诸水，过沙冈、竹冈、横沥诸水，连接了七宝、虹桥、小闸等集镇，自小闸镇向东连接肇嘉浜，进入黄浦江，通大海之潮，因此又名“蒲肇河”。

蒲汇塘虹桥地区段，长达4千米，沿途有新泾港、上澳塘、野奴泾等支流。蒲汇塘两岸自古一派江南水乡风貌，乡人交往频繁，人际关系密切，自明代起集镇经贸市场活跃，乡村社会人文灿烂。

明代初，里人在东上澳塘西首建造了跨越蒲汇塘的木桥，取名“虹桥”，正德年间虹桥集市在两岸形成，清乾隆三十四年(1769)“虹桥”被易为石蹬桥。在七宝南北镇之间，明正德年间建造了“蒲汇塘桥”。虹桥集镇西首，明嘉靖年间王氏家族在蒲汇塘上自建大木桥，人称“新桥”。清乾隆十六年(1751)，在蒲汇塘与龙华港交接处的“延寿桥”(后名“小闸桥”)被易为石桥，桥堍集市随之形成。

明代时，蒲汇塘水面宽47米，深7米，是官府漕运的东西纬河主干道，过往船只日流量达上千条。沿途集镇随之得益良多，尽享舟楫之利，形成繁荣市面。然而，自然生态持续变化，社会动荡不可抗拒，蒲汇塘也历经沧桑，河道越来越窄，到清康熙年间水面仅宽25米，深5米。因地方官员疏于职守，水利年久失修，以致蒲汇塘河床淤塞，沿溯阻绝，沿途各乡农事、商业俱受损害。

地方人士一再呼吁疏浚蒲汇塘，怎奈官府以缺乏资金为由，一拖再拖。嘉庆六年(1801)，松江知府康基田主持疏浚蒲汇塘工程。他尸位素餐，寄寓于七宝教寺僧舍，醉心于种竹赏景、择地葬佛，对河工却漫不经心，以致疏浚后的河道依然浅狭。道光四年(1824)，苏松太兵备道龚丽正发令捞浅蒲汇塘，可惜不逾年河道即塞。道光九年(1829)，松江知府王青莲主持上海、华亭、娄、青浦四县开浚蒲汇塘，未及三年，又前功尽弃。

道光十六年(1836)，上海县知县黄冕奉江苏巡抚林则徐之令，带头自捐俸禄，多方筹集资金，实施疏浚蒲汇塘工程。还明文公告：治河官员一律轻车简从(他自己每次到治河工地视察都能以身作则)，不准向当地索要馈赠。

同年五月二十四日，七宝有识之士联名上书林则徐，恳求竣工后保留蒲汇塘龙华拦潮大坝，认为以往每次拆除大坝后，“以致江潮倒灌，泥沙淤积，事倍功半”。于是，林则徐做了批文，并“亲临视阅，逐段验量”，最终采纳了七宝人士的建议，还根据地形与水势，适当修改原有水道走向。从此，蒲汇塘在李潨泾（又名法华泾）、肇嘉浜拐弯，不再往东经龙华港，而往南经日晖港，进入黄浦江。挖出来的泥土均堆在拐弯处，从而形成“土山湾”。这次蒲汇塘、肇嘉浜的大规模疏浚，给本地区的经济社会发展带来了新机遇。

咸丰九年（1859），乡人在蒲汇塘“小闸桥”段筑堰堵港，阻挡浑潮，并建造了码头，沿岸遂有了商市和居民。随着市面做大，逐渐形成乡间集镇，人称“小闸镇”。

蒲汇塘旧貌

清朝共有 296 年，至宣统元年（1909），蒲汇塘先后疏浚过 20 次，比明代多了 10 次。乡人坚持不懈地治水，才基本确保了两岸民众的正常生活，并发展了农业生产。

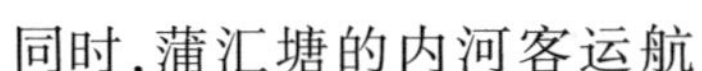

同时，蒲汇塘的内河客运航运业持续得以发展，乡人称便。自光绪年间起，即有定期客运班船来往松江、青浦、徐家汇、漕河泾等地。20 世纪 30 年代，有“绍兴脚划船”往返于虹桥与其他集镇，并在虹桥集镇“西湾浪”设有船码头。1935 年，青浦安利轮船公司开通上海至朱家角“荣航轮”客运航线，便利轮船公司开通徐家汇至泗泾“便利轮”客运航线，均途经虹桥集镇。

1947 年，蒲汇塘小涞港至土山湾段进行整治，次年竣工。1958 年，重点疏浚虹桥地区 4 千米河段，土方达 19 万立方米。1962 年，蒲汇塘小涞港至小闸港全线再次疏浚，土方超过 15 万立方米。

1972年,蒲汇塘全线实施有史以来最大规模的疏浚工程,保留大弯,裁除小弯,拓宽河面,挖深河底,土方达122万立方米。从此,灌溉受益面积3万平方千米,能通航40—60吨级船只。

蒲汇塘历经沧桑水长流,始终是乡人心中的“母亲河”。

20世纪80年代虹桥集镇与蒲汇塘风情

千年古刹安国寺

绍宗禅师名扬四方

在虹桥镇虹二村，蒲汇塘北岸，东上澳塘西侧（今为吴中路 388 弄张家宅小区），曾建有一座安国讲寺，俗称“安国寺”。

北宋咸平三年（1000），朱姓里人始建寺屋，开山主持名莲，后来由皇帝亲赐匾额。

安国寺初为讲寺，主要从事经论研究，地位显赫。

明洪武年间，安国寺的绍宗禅师名扬四方。据《明高僧传》第三卷《松江上海安国寺沙门释绍宗传》以及宋释道原《景德传灯录》等文献记载：绍宗禅师（1338—1397），字一原，别号遂初，法号圆智，松江陈氏之子。13 岁入安国寺，15 岁剃落，20 岁受具足戒，得法于元镇静庵法师（1306—1368，俗姓杨）。绍宗天资颖悟，戒行精严，极为博学，为禅宗六祖慧能的嫡传弟子、青原行思的第七世法嗣。初出说法于杭之

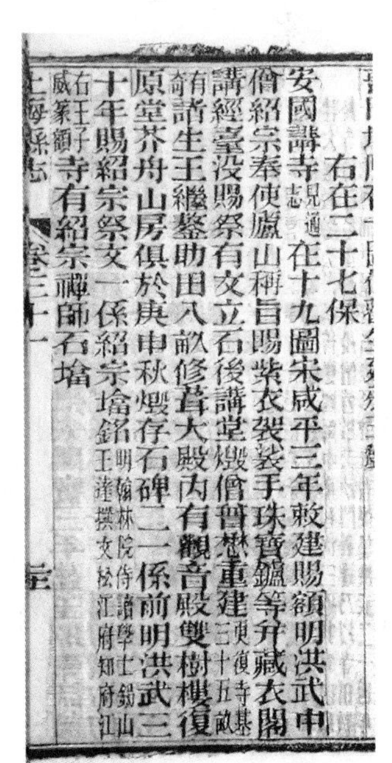
右在二十七保
安國講寺志見通在十九圖宋咸平三年敕建賜額明洪武中
僧紹宗奉使廬山稱旨賜紫衣袈裟手珠寶鉢等并藏衣閣
講經臺没賜祭有文立石後講堂燬僧晉梵重建更復寺基三十五畝
有奇諸生王繼鏊助田入畝修葺大殿內有觀音殿雙樹樓復
原堂芥舟山房俱於庚申秋燬存石碑二一係前明洪武三
十年賜紹宗祭文一係紹宗墖銘明翰林院侍讀學士錫山王達撰文松江府知府江
寺有紹宗禪師石墖
上海縣志 卷三十一

《上海县志》书影

长庆寺,大展玄风,缁素向化。次迁吴兴慈感寺,时金陵长干守仁法师延居第一座,一众倾伏。明洪武二十六年(1393),应召有事赴庐山南麓鹤鸣山峰下主持开先寺,行善积德,普度众生。明太祖朱元璋降旨任命一原绍宗法师为僧录司左讲经,并赐金缕袈裟及其他法物。洪武二十八年(1395),被提拔为右善世。洪武三十年(1397)正月五日,偶感微疾,端坐而逝。朱元璋特敕命派遣中使到安国讲寺致祭。火葬之日,数千人送别。徒众奉收舍利遗骨,归葬于安国寺。当年十月,将明太祖御祭文刻石立碑,史称《明太祖御祭碑》。

永乐十五年(1417),安国寺建"故僧录司右善世一原宗法师塔",塔铭由翰林院侍读学士王达撰写,松江府知府黄子威书并篆额。并敕石立《御赐祭绍宗禅师碑》,记述明太祖御祭事。

同时,安国寺内又增建藏衣阁(专置禅师紫衣袈裟)、讲经台等建筑,规模出众,人称"江南名刹"。

历经沧桑香火不绝

明正统五年(1440)秋,安国寺遭遇水灾,部分寺屋被毁,永乐年间所立碑石幸存。

清康熙四年(1665),诸生王继鏊及信士朱鲁侯等仗义疏财,安国寺得以大规模重建,立《康熙安国寺碑》,恢复寺基2.3万余平方米。王继鏊还助田约5 300平方米,整修安国寺大殿佛像。此时,寺宇仍有十余进建筑,寺内观音殿、双树楼、复原堂、芥舟山房、绍宗禅师塔等名胜享誉江南,香火不绝。

安国寺僧人继承绍宗禅师的风范,赢得乡人广泛好评。据同治《上海县志》记载,僧人培元素好济急,求之无不应,终不求报答。虽行人素不相识,有难常酌给衣食路费,遇有负债者亦不逼迫,已绝之田,亦为之赎回。他认为:"万物没有固定主人,财物虽属私人,但就如在天上地下一般,何必要捏在手里呢?且生命再长也会逝去,何必怜惜身外之物呢?"安国寺东首的上澳塘桥,是其独力建造的,乡人称之为"和尚桥"。

1948 年安国讲寺周边风貌

天灾人祸接二连三

清代道光以后，时局持续动荡，安国寺连遭天灾人祸，昔日风光难以为继。

道光六年(1826)初秋，暴雨成灾，安国寺部分殿堂随之坍塌。次年，乡人重修了部分殿堂，同时立《募修安国寺序》《募佛座甃砖启》和《募殿脊启》记事石刻。《募修安国寺序》由法华镇陆旦华(1785—1842，字焕虞，号曼卿)撰写。

道光十年(1830)，安国寺又遭毁损。

咸丰十年(1860)后的数年间，太平军与清军、乡团练持续激战，安国寺饱经战乱侵害，寺内建筑破损严重，香火渐消，至光绪年间仅存大殿和厢房旧屋。时人感叹不已，特立碑刻(史称《光绪碑》)记之。

光绪三十一年(1905),里人王丰玉、顾镜清、蒋家凤在安国寺内创办安国小学堂。

光绪三十二年(1906)五月十四日,因遭遇雷暴雨大风,四五公里外的朱家木桥有一棵银杏树被大风刮起,竟然夹至安国寺坠下,成为奇闻。

1926 年,沪西蒲淞市筹资修缮安国寺,并呈请上海县政府予以保护。上海著名水彩画家徐咏青,专程赶来写生,绘有《安国寺野外写生》。

《虹桥安国寺野外写生》 1926 年徐咏青绘

20 世纪 30 年代,来自河南名刹云台禅寺的法一法师驻安国寺弘法,与在北京无量寺弘法的达法法师,时有“南法北达”之说,影响很大。

1937 年抗日战争全面爆发后,侵华日军在安国寺内肆意纵火,焚毁殿堂、偏室 10 间,修建一新的寺院惨遭劫掠。1945 年时,寺内房屋仅剩下 11 间,交给老西门“大境阁”托管。

至 1949 年上海解放时,安国寺仅遗存山门牌坊、银杏树、破屋一间、井一口和铜钟一口。后来,寺院残迹也遭废弃,铜钟移藏上海博物馆,山门牌坊被生产队拆除,部分建材用于建造育菇房,山门外的银杏树被砍伐后,锯成一个个菜砧板分给了农户。

千年时光流逝,安国寺时兴时废。历史人文遗存,记载着地域风情的演

变实况，积蓄着历代乡人的聪明才智，日益显得弥足珍贵。但令人遗憾的是，安国寺遗址曾有《御赐祭绍宗禅师碑》《康熙安国寺碑》二通石碑，20世纪80年代时存于上海新歌无线电厂墙内（今吴中路1001号、1715号），另有《安国寺光绪碑》一通两方石碑，记太平军焚清政府官员事，曾置于张家宅生产队仓库东墙。如今，均下落不明。

清代王钟所撰《法华乡志・方外》收录有明洪武三十年《安国寺绍宗舍利塔祭文碑》、明永乐十五年《故僧录司右善世一原宗法师塔铭碑》铭文，今转载于本书附录。

明代地方风情探寻

北宋咸平三年(1000),朱姓里人始建安国讲寺。这是虹桥地区人文历史叙事的“开篇”,引人入胜。至五百年后的清代初期,安国寺曾被世人赞誉为“江南名刹”,更令人关注。

一千年前的安国讲寺,如此声名显赫,虹桥地区想必拥有非同一般的人文环境,本应积蓄丰厚的历史遗存。然而,如今虹桥地区的历史文献记录仅存最近的五百年(即明末清初至今),而此前的五百年(即元明时期)几乎是一片空白。

虹桥地区的明代地方风情除安国寺还有什么呢?也许是古人疏忽,历代地方史志竟鲜有记载。也许是后人失察,至今未查到相关的地方文献。直至一千年后的今天,虹桥地区尚未切实发掘一处古代墓葬,尚未保存一件明清时期碑刻,尚未收藏一件明代出土文物,以致今人难以深入了解元明时期的本地风物和历史概况。

从周边乡镇已知的历史叙事来看,明代无疑是蒲汇塘流域地区社会人文发展极为显要的时期,而且周边乡镇大多已经显现出繁荣景象。虹桥地区当不会例外,因为“江南名刹”不可能出现在人文荒芜的地方,今人看不到历史遗存不等于虹桥地区这五百年间就是一片“空白”。

为对历史负责,对后代负责,我们应当尽可能完整地叙述地方文史,不

随意地“留白”。

明洪武年间，安国寺因绍宗禅师而名扬四方，持续拓展。至正统五年(1440)秋，安国寺遭遇水灾被淹，大伤元气。清咸丰年间安国寺更是毁于“咸丰兵灾”，当下几乎无迹可寻，甚至曾遗存的几块重要碑刻也已流失。而安国寺是明代“虹桥”的地标，因此，安国寺所在地及周边村宅的历史人文变迁值得进一步追溯和还原。

蒲汇塘于南宋淳熙二年(1175)疏浚之后，明代又多次疏浚。蒲汇塘河水缓缓东流，必定呈现过无数故事。可惜今人所知极为粗略：明代初年里人建造了跨越蒲汇塘的“虹桥”，至正德年间形成虹桥集市。这一段“以桥兴市”的历史过程，历时一二百年，其间必然充满故事。可惜虹桥地区没有相关的文献传世，仅有几句似真似假的民间传说流传至今。若脱离前人留下的真实记载，任凭后人去自由想象，就会产生种种认知误区。

在高昌乡李漎泾(吴淞江支流，后改称法华浜)两岸，始建于北宋开宝三年(970)的法华禅寺和始建于崇宁元年(1102)的观音慈报禅院，以及因寺兴市的法华老镇，距离虹桥集镇及安国寺都不算远。明代中叶，李漎泾两岸香客云集，商贾纷至，居民日增，市集兴盛而成镇，以禅寺为名，称“法华镇”，分东西两镇。当时，两地同属高昌乡(法华市为二十八保，虹桥市为二十九保，两地同时被康熙年间的《上海县志》列为“新增市镇”)，两地经济社会的发展步伐基本相似，必然有互相影响和合作之举。法华寺虽然也已遭毁，但因为清嘉庆年间王钟(号一亭)汇集百年积累纂辑了一部《法华镇志》(1922年刊印为《法华乡志》)，又有众多历史遗存得到后人保护，以致有人传说“法华镇是上海最早出现的小镇”，号称“沪西首镇”，甚至有“先有法华，后辟上海”的说法，更有“法华牡丹”为今人津津乐道。《法华乡志》所记载的历史，与虹桥地区人文应密切关联的。

同在蒲汇塘畔的古镇七宝，因为拥有一部清道光年间的《蒲溪小志》和众多历史遗存以及历代诗文，今人尚能清晰地了解其繁荣的明代风情。明代的虹桥不及七宝繁荣，但绝不是穷乡僻壤，可惜虹桥地区没有发现和保护相关的历史遗存，难以叙述实情。

《虹桥镇村宅志》所记载的本地区传统村宅中,明确为始建于明代的并不多,这也许是今人受认知局限的结果。

今人叙述的虹桥地区的明代故事,还有虹桥初建蓬场庙(大云庵)、周尚义倡建“小闸”等,但数量有限。

如今,除了安国寺僧侣和生于明万历年间的王继鏊,虹桥地区没有几个明代人物能鲜活地进入今人的视线。也许是明代虹桥人过于“低调”,也许是他们确无大作为,但是明代的“虹桥”拥有江南古刹,又地处富饶的蒲汇塘两岸,绝不会是荒野之地。

虹桥集镇五百年

桥头兴市

北宋咸平三年(1000),有朱姓里人在蒲汇塘北、东上澳塘西始建安国讲寺。至元代以后,安国寺有寺基百余亩,寺宇十余进,与龙华寺、宁国寺遥遥相望,同为江南名刹。伴随安国寺香火日盛,乡人争相在东上澳塘与西上澳塘之间沿蒲汇塘集聚建宅定居。

明代初期,蒲汇塘是官府漕运东西纬河的主干道,里人合力建造了一座跨塘木桥,因水面开阔,桥身长达 40 多米,胜似夏雨后所见西天彩虹,因此以虹名桥,取名“虹桥”。

明正德年间(1506—1521),蒲汇塘两岸、顾家弄(今虹梅路)两侧人口增多,渐成集市(迄今五百余年)。在明万历年间《上海县志》地图中,首次标出跨蒲汇塘的“虹桥”,并标注“虹桥在二十八保”。

嘉靖年间,新桥王氏家族日益兴旺,在蒲汇塘北岸建造了宗族祠堂,祠堂外沿塘北官路竖有两座牌楼和一座贞节牌坊,这道风景线成为“虹桥市”的主要地标。

清康熙二十二年(1683)纂修问世的《上海县志》,首次将“上海县高昌乡虹桥市”列为上海县新增市镇之一,志称:“虹桥市在二十九保,在县西二十四里。”

时兴时衰

清乾隆三十四年(1769),乡人合力将虹桥市中跨塘木桥易为石蹬桥,标志着当地跨入新的发展阶段。此时,七宝集镇上的蒲汇塘桥易石已有250年了,一条河上两座石桥之间的历史性差距是客观的,而虹桥集镇上的人们正意气风发,努力奋斗。

虹桥集镇自古依蒲汇塘而建,逐渐形成规模和特色,塘南习称"南街""河南",镇北商铺沿蒲汇塘滩排列成街,因此人称"北滩""河北",南北商市有桥相连,商市背后宅院林立。

然而,蒲汇塘曲曲弯弯,潮起潮落不由人。风云一再变幻,集镇历经沧桑,人口时聚时散,商市时兴时衰。

嘉庆年前后,蒲汇塘的河床淤塞日趋严重,而地方官员疏于职守,虽有几番疏浚而河道依然浅狭,以致水运功能倒退,直接影响沿途集镇的商贸活动。

道光十六年(1836),上海县知县黄冕奉江苏巡抚林则徐之令,认真实施疏浚蒲汇塘工程,并适当修改原有水道走向,基本解决了泥沙淤积问题,给虹桥地区经济社会发展带来新机遇。

上海开埠之后,虹桥集镇凭借地处城区近郊的优势,经济社会加快发展步伐。时有丁氏、沈氏两个大家族在蒲汇塘北岸东西两端分别新建了绞圈房大宅院,并围有枝杨圈,乡人上镇必经此地,都会连声赞叹,称之为"东枝杨圈""西枝杨圈"。本地就此有了新地标,集镇范围随之拓展。

谁料太平军占领南京后,挥师东进攻打上海县城。风云突变,时局动荡,人心不安。本地区因遭遇连续三年"咸丰兵灾",乡人四散避难,"团练"艰难护乡,以致安国寺香火渐消,集镇商市元气大伤,蒲汇塘两岸难掩一片衰败萧条景象。

三年兵灾平息之后,时局依然不稳,虹桥集镇不见生机,人们死气沉沉地度过了三十多年岁月。直到跨进20世纪,几乎已麻木的虹桥人才察觉外面的世界已发生了巨大的变化。

跨入新世纪

虹桥集镇陆路交道自古只有两条中间铺有石板的泥路，人称“官路”，一条向东通往徐家汇，一条向南通往梅家弄（今梅陇）。清光绪二十七年（1901），一条叫“虹桥路”的现代公路途经镇北，给乡人带来了交通的便捷和新的曙光。在维新思潮的推动下，本地区年轻一代的有识之士决心为护乡图强开办实业，集镇商市逐渐恢复了生机。

光绪三十四年（1908），顾氏家族筹资重建跨塘石桥，顾氏福记商号勇担集镇商界“龙头”，顾氏子弟继承祖业纷纷投身经贸，标志着虹桥集镇再次复兴。

清末民初，趁着时代变迁，社会生活转型，人丁日益兴旺，乡贤争相作为，虹桥集镇在乡议事会、董事会的主持下，开启了一系列现代市镇建设项目，街路变得齐整，新式学堂创立，人气日益聚集，促成“南街”“北滩”店铺进一步汇聚，昼夜喧闹不息，尤以茶馆、米行、木行、轧花行、地货行等市面最为兴隆，呈现出一派繁荣气象。蒲汇塘北岸，乡人重建了“三官堂”道观，由顾姓镇民私产转为公共场所，门前的石翁仲、石马和松柏再现古韵。更有顾氏家族在地方自治中有所作为，还兴建了“黑墙头”“明远堂”“润德堂”等大宅院，令乡人刮目相待，为虹桥集镇在上海城郊争得名望。

宣统三年（1911）5月，上海县实行城镇乡自治，地处吴淞江之南至蒲汇塘两岸的虹桥、新泾、诸翟、江桥四个镇，合并为“蒲淞镇”，行政中心放在北新泾，虹桥集镇成为其“小兄弟”。

成了“市区里的乡镇”

民国元年（1912）7月，因建制调整，蒲淞镇被改名为“蒲淞市”，继续实行地方自治。

1927年下半年，南京国民政府实行新政，宣告建立“上海特别市”。随之，蒲松市改称“蒲松区”，虹桥集镇从江苏省上海县划归上海特别市。蒲松区区公所设在北新泾，这里称为“虹桥乡”，属于“市区里的乡镇”。而虹桥人不在乎行政区划的变更，照常按传统习惯过日子，并追求自己喜欢的新生活。

民国 17 年(1928)七月十二日，虹桥路上开通了程家桥至徐家汇交通大学的公共汽车线路。

1934 年虹桥风情

民国 24 年(1935)五月，上海华商电气公司向虹桥集镇供电。虽说每天只有夜间数小时可以照明，却是虹桥提升生活品质的明显标志。

1937 年抗日战争全面爆发后，国难深重，虹桥集镇也遭受重创，不少宅院被毁，人家外迁，人们无奈离开故土奔赴各地再谋生计。

抗战胜利后，集镇艰难重建，“北滩”和“南街”形成新市面，尤其是茶馆扩至八家。逐步形成虹桥镇路、南街、顾家弄、159 弄、新街弄、北街等六条街路，宽的约有五米，而窄的不到三米。但货币持续贬值，商家普遍生意不佳，连一向兴旺的“福记商号”也无奈改行为杂货店。除了闹市地段，周边地区长期人气不足，风光不再。据 1950 年统计，整个集镇时有商铺 96 户，“北滩”59 户，“南街”37 户。据 1951 年人口统计，整个集镇时有 225 户居民，536 间房屋，不及清末民初时规模。

走进新时代

1949年初，国民党以20万兵力建立上海防线负隅顽抗，虹桥地区即为主阵地带。5月24日，解放军总攻上海市区，第27军攻占虹桥机场、虹桥镇。5月25日，虹桥集镇正式宣告解放。6月，新泾区接管委员会接管虹桥镇。1950年6月虹桥乡人民政府成立。经历近500年风霜雨雪的虹桥集镇获得新生，从此跨入新的时代，乡人坚持继续奋斗，使这片故土逐步展现出中国特色社会主义现代城镇风貌。

虹桥集镇先后为虹桥人民公社、虹桥乡人民政府、虹桥镇人民政府机关所在地。

自1974年起，虹桥集镇启动“大改造”，居民逐步“易地动迁”，集镇风貌进入规范性变化时期。

改革开放后，时代发展的步伐日益加快，虹桥集镇乘势而为，发生了翻

20世纪80年代虹桥风情之二（邵海木摄）

天覆地的巨变。至 1987 年,集镇“南街”地块动拆迁,原地建造虹梅路 2669 弄、虹梅路 2759 弄住宅小区。1999 年,集镇“北滩”地块动拆迁,原地建造东苑怡和园住宅小区。至此,虹桥集镇原有格局和传统风貌彻底改变。

虹桥集镇风貌就此消失了,但是当初集镇独有的“烟火气”和本地传统风俗习惯,早已成为乡人的共同记忆,而今中老年人仍时常脱口而出、赞叹不已。尤其是那 16 家老号店铺以及“沈万兴酒菜店老板女儿所做熟食”“无锡老妈妈沿街叫卖的豆腐花”“徽帮人挑担叫卖的柴爿馄饨”“江苏盐城人现做现卖的海棠糕”等饮食小吃,实在令人难以忘怀,成为镌刻在时光里的虹桥风味。

小闸桥历史悬案

“小闸”由来众说纷纭

在蒲汇塘与龙华港交接处(与华亭宾馆相隔一条街,今属田林街道),自古有一座“小闸桥”,本名“延寿桥”。清乾隆十六年(1751),易为石桥,立碑有记。嘉庆三年(1798),乡人众捐重建。咸丰四年(1854)初,在兵灾中被拆除。

有方志记载称:元至元三十一年(1294)上海县首任知县周汝楫到任,举家迁沪。他的八世孙周尚义(号少溪)就居住在后来的虹桥周沈巷一带。明万历三十年(1602),周尚义刚满十九岁,因督运京饷居首功,被赐以翰林院冠带。他看到家门前蒲汇塘潮水急湍时常造成覆舟惨况,即将情况呈报上海县知县。于是,官府在遗贤渡附近修筑小型闸门,以控制水势。由此,本地得名“小闸”。“小闸”附近的周沈巷宅基,相传为周汝楫后裔聚居地。

而另有方志记载称:清道光十六年(1836),江苏巡抚林则徐疏浚蒲汇塘时,在肇嘉浜和龙华港交汇处筑坝,形成水闸,乡人立下《小闸留坝碑》(可惜此碑未存世,今难成实据)。

又有记载称:咸丰九年(1859),为阻挡浑潮,官府在这里筑堰堵港,并建有码头,供过往船只装卸货物。随之,货运船只聚集,沿岸出现商市,逐渐形成乡间集镇。蒲汇塘自西向东南转折穿越镇区,街路呈“丁”字形,宽不足三米,街面用石块铺成,人称“小闸镇”。

“小闸”的由来众说纷纭,至今难以定论,而更让人们牵记小闸桥的则是此地尚存几桩历史悬案。

刘丽川殉难地真假难辨

清咸丰三年(1853)八月,以刘丽川等为首的“小刀会”成员聚集豫园点春堂,趁势组织起农民起义军,并一举占领了上海县城。

清政府从清军大营急调兵马赶来合围,企图镇压。而起义军英勇抗击,坚持守城一年多,震动江南。清政府又勾结英、法、美等侵略军,占据县城四周,筑成一道包围圈,切断起义军外援,寻机攻城。

咸丰四年除夕(1854 年 2 月 16 日)之夜,清军突破大南门城垣,蜂拥而入。起义军被迫分东西两路向外突围。

首领刘丽川率义军 150 余人冲出西门,经徐家汇到达小闸桥一带。然而,蒲汇塘上的石桥已经被清军拆除。义军受阻难行,进退无路,即遭清军总兵虎嵩林所部及知县孙丰亲率的民团乡勇围截。刘丽川及其所部寡不敌众,相继身亡。

清代秀才蒋恩(字芹芳)家住梅陇乡蒋家塘,距小闸桥不远,亲历了此事。他在所撰《兵灾纪略》一书有所记载:“(咸丰)五年乙卯元旦,焚香顶礼毕后,清晨就得捷报,悉上海于昨夜三更克复。轰大南门城垣数丈,官军乘此杀进,昨宵所以有此巨声也。匪首丽川等启西门宵遁,至小闸地方,被总兵虎嵩林截杀。”

而另一亲历虹桥乡勇兵事的新桥村文人王萃元(字子俨,号陆生),在其所撰《星周纪事》一书中记载:“正月初一清晨,东北隅烟焰直透霄汉。未几,有执旗贼二十余名被官兵追至程家桥,地方乡民阻截,相与斩杀净尽。据云,贼首刘丽川即在其中也。”此说应当可信。

小刀会起义失败后，关于刘丽川的下落历来众说纷纭。总的来说，有被杀说和逃逸说两种说法。被杀说因被杀地点的不同又有多种描述。这个历史悬案只能有待发现更有说服力的实证，才能形成学界共识。

1937 年，国民政府全国经济委员会公路处专员赵祖康主持重建小闸桥，并题字立碑。本地乡人至今认为小闸桥是刘丽川殉难地，2003 年特地在蒲汇塘畔修建"丽川亭"，以示纪念。

是庙还是庵

明万历年间，周尚义促成闸门建成后，还为闸门看守人员建造了三间住房。后来，闸门被废弃，三间住房被改作"遗贤庵"。相传，此庵为周氏家庵。

汇总各种资料记载，今人可以梳理出此后的持续变迁。清康熙年间，里人募捐改建后，"遗贤庵"易为道庙，以供奉城隍神为主，但未见正式庙名，只有俗称"东蓬场庙"（为了区别滕更浪宅基的"蓬场庙"，加了"东"字）。道光十四年（1834）五月，庙屋西次间遭毁，次年春季重修。同治八年（1869），本

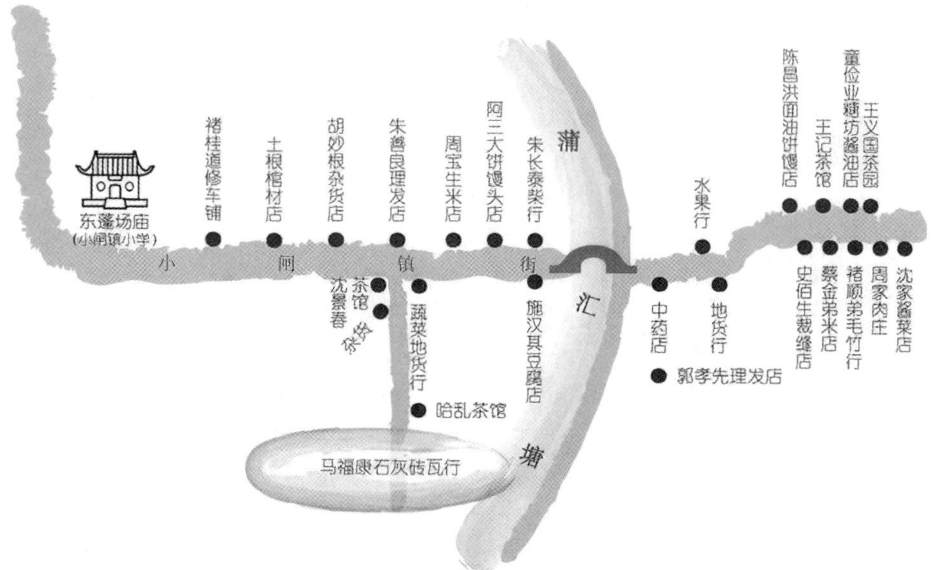

1950 年小闸集镇商铺分布图

地文士艾德墡筹募增建文昌宫,修造惜字藏。光绪二十九年(1903),庙宇山门毁坏,里人募捐重修。民国元年(1912),庙内城隍寝宫被风潮击塌,里人募捐重修,并补建一间。民国九年(1920),翻建西厅一埭及两庑,庙屋扩至二十余间。1922 年,乡人在庙内西厅创立“法华乡立第四小学校”。1927 年,改称“市立小闸小学”。

清末民初,每逢东蓬场庙庙会,塔灯高竖,香火兴旺,市面兴隆,为小闸集镇增添不少风采。

当地不少老年人至今津津乐道于东蓬场庙庙会的盛况,但却无人能说清楚此庙的来龙去脉。一座小庙历经沧桑,却缺乏可靠翔实的史事记载,要想完整地理清其变迁历史,确实不易。

井亭头与井亭庙

井亭庙由来

井亭庙，始建于明代，位于井亭村“井亭头”宅基，遗址在今吴中路1668号上虹超市附近。

清雍正、乾隆年间，本地有一位人称“武探花”的人，俗称“三和尚”，在此担任主持并扩建了庙屋，占地约有3 000平方米。相传，三和尚姓王，身材高大，臂力惊人，明末清初在虹桥集镇东面开了爿豆腐店。某日，一伙散兵游勇到处抢掠，来到三和尚的豆腐店，索要豆浆喝。三和尚笑笑，当着他们的面，两手各拎起一个水缸，在河里舀满两缸水并轻松地放在岸边，故意央求那些当兵的帮忙抬进屋去。这些当兵的竟然没有一个抬得动，于是知趣地拔脚逃走了。不久，有几个清兵从蒲汇塘过来，进村大肆劫掠。三和尚发怒，上前抓住头目，将其扔下了河。清兵见此情景，纷纷逃散。三和尚逝世后，被乡人恭敬地安葬在井亭庙西首，并立有墓碑石（毁于1966年）。

井亭庙最出名的是庙前西侧有一口水井，井水清澈如镜，常年不枯。当年，三和尚在水井四周竖起四条石柱，就此建成四角飞檐瓦顶的石柱亭，檐枋间承有斗拱，古朴而精致。亭柱间，东、西、北三面架设宽石条作凳，供香

井亭(摄于1957年)

客及来往行人、客商在此歇脚饮水。“井亭”声名远扬,庙即以此为名。就此,“井亭庙”与“井亭头”并列为地名。

在井亭庙门前的庙场上,清代中叶所种的两株银杏,一东一西,一雄一雌,枝叶苍翠,树龄已有200余年。其中的雌树在西,树径1米以上,四五个成年人才能合抱。每年结银杏果,秋时成熟,村民拾取为乐。

走向衰落

1921年,井亭庙最后一名僧人补生离世后,改由尼姑来主持,并更名“明净庵”。此时,庙屋有前后两埭,前埭为正殿,主供观音菩萨塑像,两旁为土地公、元帝、三官、关帝、施相公、地藏王等塑像。东首大殿供“出堂老爷”夫妇塑像。后埭寺殿,供阎王塑像。佛道并存,由香客各取其主。

乡人只求安康,没有太多讲究,以至井亭庙香火持续旺盛。庙界分东南西北中五方,涉及周边18个宅基。每年秋后,各方前来设社,祭祀各自的主神像,并欢宴一场,庆祝丰收。

20世纪40年代初,村里年轻人眼看世道纷乱,一举废弃了庙屋后埭“不作为”的“阎王老爷”,在此创办了“井亭小学”(1987年,井亭、先锋小学合并为亭锋小学)。

1949年1月,国民党军队为固守上海,在市郊筑军事防线,在井亭村境内新泾港口修筑一批钢筋混凝土碉堡,强行拆毁了塘湾里、新泾口、高更浪三个宅基的81户房子。5月21日晚,解放军先头部队到达新泾港口碉堡附近,乡人热情接应。解放军和国民党军队在井亭地区发生激战,直至24日平息。战后,有56名牺牲的解放军战士埋葬在井亭村地区(后均迁葬至上海

1948 年井亭头航拍影像

龙华烈士陵园)。

1957 年进行文物普查时，井亭尚完整，并留有一张图片。而到了“文化大革命”期间，这里的井、亭、庵、树及“三和尚之墓”皆被视为“四旧”，尽遭毁弃。

难得遗迹

1998 年扩建吴中路时，井亭庙最后半截银杏枯树被挖走，乡人恋恋不舍。经村委会集体研究决定，为尊重乡人的意愿，在此添建一座石牌坊以示纪念，特邀书法家吴颐人缀以联额“井畔交流生意旺，亭中歇息趣闻多”，并在绿地中立有“重建井亭记”石刻，成为沪上一条引人关注的新闻。

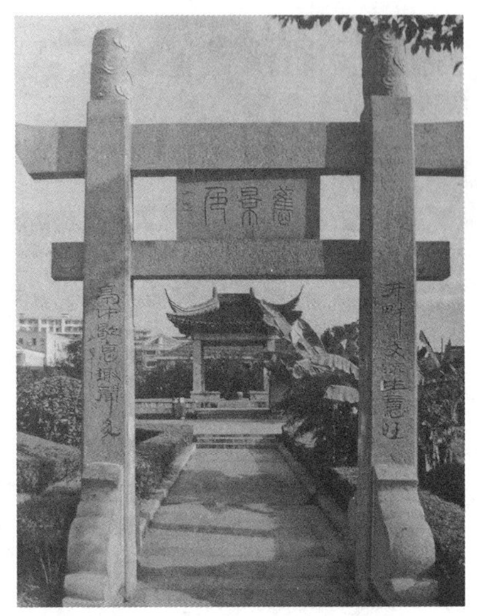

1998 年所建井亭纪念坊

三四百年来享有盛名的“井亭头”，总算留下了一点遗迹。但是，不同地域的人们的生活习惯不同，难免会产生不同的感受。2014 年 12 月 23 日《新民晚报》根据读者反映，发表报道《闵行吴中路一休闲之地竟被香客“占领”》，对井亭头“冬至日遭火攻烟扰”，“好端端的绿地休闲亭烟雾缭绕，不少人在此烧香、祈福、求财、祭奠”的现象提出批评。有记者闻讯做了实地调查，认为此事本不必惊诧，并发文公开介绍了井亭庙的历史由来和当地乡民对历史遗产的情感。

一场争议就此平息，而此事引发了人们的进一步思考：迅猛的现代城市化建设，导致乡人心头的“乡愁”都被新开发的房地产“占领”，家门口找不到冬至日可以祭奠祖辈的地方，人们只得去“占领”休闲之地，以致“井亭”无奈“遭火攻烟扰”。这个一度被忽视的社会课题，也引起了相关部门的重视。

蓬场庙历经沧桑

虹桥蓬场庙,本名为“大云庵”,位于太平桥北,安国寺西,滕更浪宅基(今虹四村一组)西北。因庙屋外墙呈暗红色,故又俗称“红场庙”。乡人称其“蓬场”,表达了赞赏其“节场人流拥挤溢出”之意。附近小闸集镇上的“遗贤庵”,供了关帝神像后香火旺盛,香客相拥,乡人称之“东蓬场庙”,是为同理。

据推算蓬场庙始建于明代晚期。历经沧桑,几度翻修、拓展,明末清初已形成二进庙屋,占地近 8 000 平方米,为地界内数千余户农家春祈、秋报、岁时、享祀之所。

庙内中堂并不雄伟,主供的是明嘉靖年间著名高僧西竺禅师,其神像造型古拙、生动。

各路香客亲见庙僧恪守清规,处境过于贫困,便热情出手资助,为其安置了十亩良田。庙中僧众深受感动,笃志焚修,晨钟暮鼓,始终不懈,赢得乡人一致好评。因此,蓬场庙规模虽小,却年年人气“蓬场”,香火持续旺盛。

清康熙六十一年(1722),僧人皈一募斋田,重建蓬场庙。落成后,特邀进士凌如焕撰《重建蓬场庙记》,并立碑。碑文如下:

> 蓬场庙,不知创始何年,亦莫详其命名之义。但庙在太平桥北,安国寺西,地界统摄甚远。为界内数千余家春祈、秋报、岁时、享祀之所,

由来久矣。庙中堂供奉西竺先生金容宜。名曰寺,否则曰庵,而仍以庙称,则其初原为当境神祇设也。庙中主持恪守清规,久为一方檀护向信。而庙无斋田,薪水维艰。众善信因各捐己资,共置粮田一十亩,以为众僧将来香火饔飧之费,功莫大焉。夫神能福佑一方,而庙僧朝暮为之扫除、供养,则善信之。为德于僧,皆所以致敬于神也。自今以往庙中僧众,其益笃志焚修,晨钟暮鼓,始终不懈。以为一方檀护种福,则财施法施两无负矣。其善信捐资姓名,及田亩细号图分,咸刻于石,以图永久,住持其谨守之哉,是为记。

凌如焕(1681—1749),字琢成、榆山,号新斋,原籍歙县沙溪。清康熙五十四年(1715)进士。乾隆十三年(1749),申江书院(今上海市敬业中学前身)创办,其受聘担任山长(院长)。

同治十年(1871),历经三年"咸丰兵灾"的蓬场庙被"折腾"得破败不堪,由新桥王家王鼎琳等募捐重建。同治十三年(1874),本地举人王萃龢出资再次修葺,还亲自撰联悬于庙门。

晚清时期,乡人依然将庙里的"猛将老爷"(相传,刘猛将军因治蝗有功而为人们敬重,清代列入祀典)视作"驱虫神""田神"。每逢正月十九日都要隆重举行祭拜活动,当天下午三时,附近王家弄村民准时派出四人抬轿,八人敲锣,十二人手举彩旗,郑重其事地赶到蓬场庙,邀请"猛将老爷"出巡。入夜之前,他们将猛将神像抬到村里,妥善供奉,由专人守夜。次日清晨,首先由夫妻成双、子孙满堂人家的主妇为"老爷"揩净脸面,然后,全体村民依次前来烧香磕拜,祈求丰年。当夜,演好一场皮影戏之后,众人还要陪"老爷"再过一夜。直到第三天下午三时,再送"猛将老爷"回到蓬场庙归位。

由于历代乡人呵护,蓬场庙的香火常年旺盛,每逢庙会日更是热闹非凡。每年农历正月十五元宵节,为蓬场庙庙会"出灯"之日,除各参会寺庙制作的灯塔外,附近宅基村民也肩扛自制灯笼前来参演。元宵灯会要举办三天,场面壮观,人流如潮。1937 年正月十五的灯会盛况,乡人至今记忆犹新。可惜,这是乡人最后一次在蓬场庙进行的灯会狂欢。

抗日战争时期，侵华日军进村搜寻抗日游击队，几番肆意烧杀，整个滕更浪宅基被烧得只剩下四间农屋，地处宅基附近的蓬场庙也遭到严重毁损。1946 年，库里“顾家花园”业主顾嘉棠牵头筹资进行修复。但是，蓬场庙元气大伤，就此香火冷落。

20 世纪 60 年代，虹桥公社在蓬场庙余屋内开办“虹桥农业中学”。1970 年 9 月，在此开办“虹桥第二中学”。1979 年 3 月，改为“上海县工读学校”。2003 年，旧屋全部拆除，开发房地产。

如此一座蓬场庙，规模不大，名声不小，承载着一代又一代乡人的精神寄托。其历经沧桑，轶闻四传，反映着历史变迁的光怪陆离和乡间风情的甜酸苦辣。

虹桥路“都市后花园”

开发乡村别墅群

1901 年,虹桥路初步建成,可直达老裕泰马房,因平时路上行走的车马并不多,骑马者便以公路为乐园,这里成了一条非正规的“赛马道”。当时,公路沿途还是一片清幽安逸的乡村风光,空气新鲜,视野广阔。追求生活品质的富人们厌倦了大都市的逼仄,竞相到虹桥路一带营造自娱自乐的新天地。

20 世纪 30 年代,“发了财,到西郊盖别墅”已经成为上海滩最时髦的举动,以至沿虹桥路、淮阳路、哈密路一带迅速建造起一批别墅建筑,而且每一处都是风光闪亮,气势夺目,犹如在农田里“生长”出一个别样的“新上海”,人称“都市后花园”。

这些别墅住宅形态多元,江南传统住宅、花园别墅、西式别墅住宅等应有尽有,建筑设计师大多为华人。西式别墅与江南宅院比邻相伴,形成中外融合的场面。其中西欧风格的别墅建筑式样各异,有古典式、新古典式、现代式,甚至有拜占庭式的建筑,点缀于绿荫之中,充满异国风情。据 1951 年不完全调查,这里时有花园洋房别墅 250 多幢、平式洋房 53 间、附设草房和马房 56 间(不包括外国人的教堂、医院、学校、公墓),分属 250

余户业主。

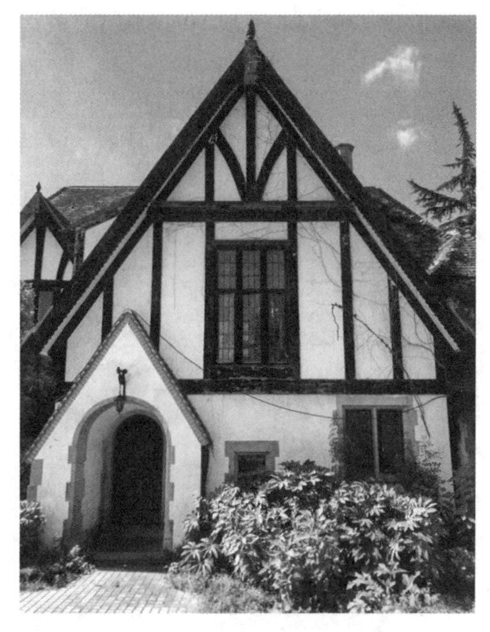
罗别根花园

其中,业主为外国人的花园洋房84幢、平式洋房34间、草房和马房12间。分属54户。最出名的是虹桥路2374号、2409号沙逊别墅"伊甸园",其命运多舛,几番易主。虹桥路1440号原为美华新村5号,是一幢英国都铎式假三层别墅,黄墙红顶,屋前则是中国式大庭院,曾经的主人是陈纳德将军和夫人陈香梅女士。虹桥路2419号为泰晤士报社别墅,3号楼原为美丰银行别墅,西班牙式清水红砖外墙,由匈牙利设计师邬达克设计,建于1932年。虹桥路2275号、2310号为罗别根花园。

那些官僚拥有的房产,大多以化名购置。主要有孔祥熙的两处三幢三层楼花园洋房(1518号、2258号)、阎锡山的平式洋房18幢,以及董显光花园别墅等。虹桥路1390号、1430号为宋子文公馆,红瓦白墙,局部贴有泰山面砖。白崇禧的假三层砖木结构德国式花园住宅原本是外国人房产,抗战胜利后为其占有。

民族工商业者和华商银行、地产公司有183户,拥有花园洋房140幢357间、平式洋房19间、草房41间。主要业主有:申新纱厂总经理荣鸿元、永安公司经理郭琳爽、中国水泥厂经理姚有德、金城银行经理徐国綦、中国内衣公司经理黄汉彦、大光明钟表行经理陈花飞、黑人牙膏厂老板严伯林、大同照相馆老板金安迪,以及律师杨濂如等。上述房屋一般为乡村别墅,业主用以周末度假或避暑,平时闲置时委人管理。

上海解放初,这些房产绝大部分经没收、接管、改造、代管等处理后作为了公房。

形形色色花园宅院

不出数年,沿虹桥路两侧富豪们自建的高端别墅已经连成一片,以致地价步步飙升。于是,人们将目光投向附近的村宅,那里虽然不及沿路进出方便,但是天地更加广阔。

沈陈巷宅基(今属虹四村)本地人家的屋前宅后均栽有树木,有的还建有竹园,环境更显幽静。因此,自有筹备自建乡村别墅的上海城区有钱人看中了这个地方。

1915年,浙江宁波籍应、王、庄三姓兄弟在上海五马路开设钟表店,定名"亨得利",取"万事亨通,大得其利"之意。从1923年起,先后在天津、重庆、北京、南京、广州等城市开设分店。由于经营有法,招牌响亮,获利颇丰,财大气粗。1937年,"亨得利"三大股东之一的庄智鹤,在沈陈巷宅基东南购地4 000平方米,建造花园式宅院,除楼房、长廊外,园内有假山、水池、喷泉、棚架,树木常青,鲜花盛开。尤其是桂花树高大粗壮,枝繁叶茂。乡人称之为"庄家花园"。

在"庄家花园"对面,有浙江萧山籍陆姓人家建造的"陆家花园",虽说占地不足3 000平方米,但业主构思精巧,园内也有假山水池,更有奇花异草,堪称小巧玲珑。

黄家浪宅基(今属虹五村)四周有多处城里人自建的私人花园宅院,房型各异,互相争奇斗艳。其中,最独特的是在西上澳塘转弯处的"孟家花园",占地1 000多平方米,四周栽树种花,当中建造的却是一座大型"草房"以及两间平房。孟姓业主是静安寺一带的商人,酷爱电影艺术,尤其是外国名片百看不厌,建造大草房是为随时可放映国内外电影,这里俨然是他为款待朋友所设立的小型电影院。

1946年,建在附近库里宅基上的"顾家花园",占地1.2万平方米,极为豪华。

另一道风景线

清宣统元年(1909)10月,浙江上虞商人经润山在今虹桥路1290号一带购买土地约1.4万平方米,建造公墓,取名“薤露园”(薤叶上的露水,意指人生短促),至1914年已有墓穴千余。1916年,经润山去世后,其妻汪国贞在“薤露园”西侧购地约3.6万平方米,扩园后改名“薤露园万国公墓”(意指入葬不受国籍、种族、姓氏的限制)。墓园内有西式风格的纪念堂与仿苏州玄妙观的追思厅,富丽典雅。20世纪30年代初,由上海特别市卫生局接管,更名为“上海市万国公墓”,葬有诸多名流。1937年日寇入侵后,墓园纪念厅堂内的陈设被抢劫一空。1984年,原址被改建成“宋庆龄陵园”。

1926年,公共租界工部局在虹桥路主导建造公墓。最初分为东西两个区域,合计面积约8万平方米。西区称“虹桥公墓”,东区称“哥伦比亚公墓”,主要针对犹太社群。1945年后,两处公墓合并,沿用“虹桥公墓”之名。

1911年,美籍苏格兰人傅兰雅捐地约8.7万平方米和6万两银子,在四川北路专为盲童创办了一所特殊学校,其子傅步兰为首任校长。1931年,盲童学校迁至虹桥路1850号,扩建了校舍。1952年,由上海市教育局接管,定名为“上海市盲童学校”。

1932年,沪上名医丁福保、丁惠康父子以30余万元巨资在虹桥路创办“虹桥疗养院”,为上海滩首屈一指的肺病治疗康复机构。初创时,占地约6 600平方米,周围均为农田和村舍,环境幽静。主要建筑由启明建筑师事务所奚福泉设计,安记营造厂承造,包括一栋四层阶梯式主楼和一栋一层副楼,均为钢筋混凝土结构,阳光能直射入每一间病房,被建筑史家认为是中国近代史上“最具代表性的现代主义建筑”。

一方土地两个世界

虹桥路两侧别墅洋房林立,附近村宅内散布着不少私家花园,而那些生活在其中的人们与相邻的本地乡民基本隔绝，无需交往，互不干扰，形成“一方土地两个世界”。

陈香梅女士时常会回忆居住在虹桥路 1440 号美华新村 5 号的时光，她兴奋地告诉人们：“该处境地清幽，无市声之扰，屋后有园地，植瓜蔬，种花果。三月春花放，九月鸣蝉，自有一番幽趣……清晨起来，到楼东看日出；晚间无事，在月影下散步。有时邀二三密友到家里玩纸牌，听听音乐，逸兴横飞……”那是何等优雅安逸的“世外桃源”啊！

围有高墙的别墅花园，令人深感神秘，而本地乡民对富豪人家的生活虽也好奇但不会嫉恨。别墅业主及其贵客们对近在咫尺的“乡下人”并不防范，也不会主动亲近。“两个世界”相邻不相融，对峙不对抗，彼此“面熟陌生”，各自生活在自己所向往的世界里。

身处“都市后花园”之中的本地乡民自然眼界大开，不断增长见识，学会了时髦举止。长期的潜移默化，使这里的乡村生活发生了种种变化，令人刮目相待。

有些别墅业主喜欢栽种西洋名花显示身价，就招聘当地农民前去充当花匠。时有本地陈姓花匠出于好奇，悄悄将所管理的月季花“打头”(摘枝)，移植到自家的田里，经过精心栽培，如愿花开。于是，乡人争相仿效，月季等

20 世纪 30 年代的虹桥路

名花随之在虹桥农家传播开了。

虹桥路一带始终充满着“乡村气质”，又有效彰显着“时代风尚”，如此名扬世界的“都市后花园”，堪称上海城郊最典型的海派文化符号之一。

华新村5号别墅

顾家花园秘闻

业主是“上海大亨”？

虹四村中西部曾有个宅基叫“厍里”，村里只有十多户人家，土语“厍里”的意思是“小宅基”。

1945 年抗战胜利前后，上海城里的一大帮工程队开进这个小宅基，平整农田，大兴土木。兴师动众忙了一年多，在农田里建造了一处令人惊奇的别墅花园。这个花园占地 1.2 万平方米，院内呈正方形，有西洋楼房，有草坪池塘，到处都是花木，四季有花开，还有一座玲珑太湖石和一座假山，山顶有八角凉亭，派头十足。宅院临河道而建，三面围有篱笆墙，大门几乎天天紧闭着，显得极为神秘。连厍里宅基里的村民也无法向内张望，只知道业主姓顾，是个“大亨”，却搞不清其面目。长期以来，虹桥人只知道厍里有一个“顾家花园”。

这个“顾家花园”确实非同一般。宅院业主顾嘉棠小名阿根，位列上海滩“大亨”杜月笙麾下“四大金刚”之首，臭名昭著。顾嘉棠跟着杜月笙闯江湖，一向有个江湖绰号“花园阿根”。他年轻时学做花匠，不久就走上了邪路，成为混迹沪西华租两界的“小瘪三”。他长得五大三粗，身坯结实，土头土脑，心狠手辣，唯一能令他低头的只有杜月笙。

顾嘉棠在北京西路早有一处豪宅,为何又选这乡野之地建造别墅花园?他对外号称“盖庙拜佛”,到处宣传自己在虹桥路建造别墅花园,实际上是为了孝敬杜月笙。他对许多人说:“月笙哥身患哮喘症,时常发作,要选个好地方休养。虹桥路这一带,人烟不密,空气新鲜,对月笙哥的病体必有裨益。”

顾嘉棠说得动听,蒙蔽了上海滩,又讨了杜月笙的欢心,他竟然借用杜月笙的名义,敢将著名“哈同花园”里的名贵花木悉数搬运到“顾家花园”,装点门面。

其实,顾嘉棠暗中窃取了上海抗战胜利收缴的大量资产,在虹桥路精心建造了如此豪华的别墅花园,又设法遮掩世人眼目,纯粹是为了独自永久享用。

解放后的“顾家花园”

顾嘉棠精心建造的“顾家花园”,供其独自享用只有三年多时间。1950年,他跟随杜月笙逃亡香港。1951 年 8 月,杜月笙在香港病逝,顾嘉棠竟翻转嘴脸,为难杜月笙的遗孀与孩子。

而此时,“顾家花园”已经变更为人民解放军部队营地。解放军部队不时在营地内放映电影,有时会组织附近农民前来免费观看。库里宅村民这才眼前一亮,看到了“顾家花园”内部的真面目。

从程家桥到西郊公园

程家桥由来

上海西郊公园(今上海动物园)位于程家桥地区,如今称程家桥街道,隶属长宁区。

程家桥,既是桥名,又为地名,自古隶属虹桥乡,而其成名的历史并不久远。当地能成为一个集镇,纯粹是虹桥地区经济社会发展过程中的一个"意外收获"。

早在清代中叶,居住在唐泗泾河道边的程姓里人建造了一座人行平板石桥,并特意在桥身刻下"程家桥"三个字,作为安民告示。

小石桥南北向跨越唐泗泾,桥长3米,宽2米许,普普通通,安安稳稳。程家所居村落不大,又地处僻乡,一向默默无闻,建了小石桥之后因桥而得名。

清光绪十三年(1887),乡人修筑车马路时,在新泾港上建造了一座跨河桥梁。桥身长近20米,宽12.5米,载重量达15吨,此桥规模远远胜过"程家桥",却不知为何长期没有正式的桥名,乡人称之为"马路桥"。

此时,程家桥地区的"程家桥"与"马路桥"各自存在,并无关联。

筑路风波

清光绪二十六年(1900),有个英国侨民在“程家桥”西侧开设老裕泰马房(跑马场),占地近 1.4 万平方米,吸引了一批城里既有钱又有闲的人群前来娱乐。

第二年,上海公共租界工部局即在西郊直接购买土地,要越界修筑一条公路,东起徐家汇交通大学,向西直达老裕泰马房,还企图通达松江佘山,因此取名为“佘山路”。规划中的“佘山路”与“罗别根路”(今哈密路)相交在“程家桥”附近。然而,英国人越界筑路的举动激起上海社会各界的强烈抗议。因此,公路筑到“程家桥”之后只得停工了,因途经虹桥集镇,就改称为“虹桥路”。而虹桥路上跨新泾港的那座“马路桥”,因桥名太直白,乡人就按村宅地名将其改称为“程家桥”,同时将原有的那座小石桥改称为“老程家桥”。

虹桥跑马场

虹桥路初筑时情景

宣统二年(1910),“老程家桥”西侧的老裕泰马房趁势拓展,面积扩大到近7万平方米,养马近百匹。1914年,马房主人病故后,太古洋行、怡和洋行、汇丰银行等八家英商各出官银一千两购入这块地产,于1916年建成高尔夫球场俱乐部(又名虹桥杓球俱乐部球场),用地扩展至约10万平方米,三年后增至约27.8万平方米,成为沪上洋行人员打球赌博、郊游度假的主要娱乐场所。

一向默默无闻的“程家桥”地区,就此日益显要,名扬上海滩。

初建市镇

1921年6月29日,虹桥飞机场辟建工程在“程家桥”西首基本竣工,“程家桥”的身价又得以大幅度提升。虽说因为设施太简陋,飞机场未能正式通航,但“程家桥”的人气得以迅速聚集。

当时,“程家桥”乡人在路口开设茶馆及零星小店,供应油盐、酱醋、烟

酒、杂货、农具种子等，虽说生意清淡，但业主坚持不懈。后来，附近居民增多，路口商市随之北移。

1942 年，日伪当局实施“清乡”政策，修建封锁线隔断城乡交通，在“程家桥”设立了一个“检问所”，这里成为交通要塞。于是，为数众多的小商贩从青浦、松江等地到“程家桥”贩米，遂在此形成米市。周边的商铺纷纷迁来抢占市口，“程家桥”地区就此变成了一个引人关注的小集镇。

西郊公园

1953 年 3 月 20 日，外交部批准《上海市政府关于收回新泾区高尔夫球场的报告》。10 月，市政建设委员会决定在此建文化休息公园。

1954 年 5 月 25 日，为纪念上海解放五周年，“上海西郊公园”正式向市民开放，开园头十天，日游量最高达 15 万人次。就此，“西郊公园”的名声远

上海西郊公园开园之初

远超过“程家桥”，程家桥集镇几乎成了西郊公园大门外的“附属设施”，但乡人仍深感自豪。

1980 年 1 月 1 日，“上海西郊公园”改称为“上海动物园”。

1986 年，虹桥路拓宽时，将新泾港上的“程家桥”改建为钢筋混凝土桥，通往上海动物园、虹桥国际机场，也是通往闵行、青浦区及外省的必经之道。当地日新月异，原有的“程家桥”风貌迅速消逝。

村宅奇观

最大与最小的宅基

在虹桥地区，宅基规模最大的当属长春村周沈巷宅基，一条姚家浜将宅基分为南北两部分。相传，这里是元末上海县首任知县周汝楫后裔的聚居地，享有盛名。1951 年，时有村民 185 户（其中周姓 57 户），964 人，共有房子 449 间。公社化时期，东南西北分成四个生产队。这里的人口增长较快，到 2004 年周沈巷宅基全部动迁时，已拥有 541 户人家，60 年间增加了 356 户。

最小的是虹二村小杨家宅宅基，1951 年时只有杨阿毛一户人家，人称"独家野村"。而这里却有红色印记：1945 年 1 月，中共诸陈家宅党组织利用杨阿毛家特殊地理位置，以创办"复华小学"为掩护，晚上办农民夜校宣传抗日。后来，小杨家宅归诸陈家宅宅基。

鸭场浪有条"经布路"

先锋村东南部有个鸭场浪宅基，村民家家精于纺纱织布。棉纱纺成后要染色、刮浆，俗称"经布"。村民时常利用宅基南首的一块空场地经布，日长时久，竟然踏出了一段300米长的土路，但是此路前不通大道，后没有标志，宽只有2米，村民自称为“经布路”。

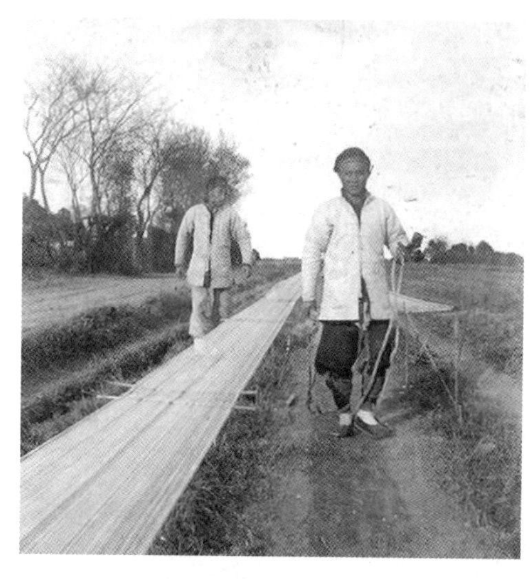
田头经纱

每当农闲天晴日，自有村民在“经布路”两头各置一米高的木架，再间隔五六米插一只“经布架”。村妇根据布色设计，将染好色的棉纱有序排列，徐徐拉开，绞在“串爿”架子上固定好。两个男人站在两边，将棉纱夹放在两块1.5米长的刮浆板（俗称“杠帚”）中间。刮上浆水后，来回行走几十次，让浆水均匀沾纱。经过日晒，棉纱自会变得挺括。傍晚收纱时，将滚筒（俗称“推花轴”）捆扎在人身上，将起头棉纱捆扎在轴上，然后双手转动滚筒，行进之中棉纱自会全部卷到滚筒上，即大功告成。把刷过的纱线镉上“迭花”置放到织布机上，即可织布了。

侯家塘的五拖头石桥

新桥村南部的侯家塘宅基，明末清初已经形成。宅基南首有一条开阔的“船浜港”，自古建有一座“五拖头石桥”直跨河道。石桥桥面由两排青石板铺成，宽约1米，设有四个双脚桥墩，桥面青石板分“五拖头”，总计长达16米。如此长桥，场面壮观，村民引以为豪。村民若要赶到漕宝路去，走此石桥便是捷径，村民大多喜欢如此抄近路。

但是，石桥桥面太窄了，一旦遇到大风大雨，要想直立过桥就会有危险。那些急需赶到南面蒋家塘小学去读书的学童更是辛苦，一个个只得冒着风雨、身贴桥面一步步爬行而过。平时，若拖了拖车要过石桥，只能一边车轮走桥面，另一边车轮悬空着，全凭双手用力控制平衡才能过桥，宅上不少村

民就此练就了这一套“杂技动作”。

顾氏“黑墙头”宅院

光绪年间，本地武举人顾孝清（字润贵）日益显贵，就独立兴建了新宅院。顾孝清个性豪迈，所建传统绞圈房子规模出众，有五开间四埭三庭心，占地约 5 000 平方米。因 3 米多高的宅院围墙竟然涂成黑色，出奇又显壮观，乡人称之为“黑墙头”。

黑墙头

宅院入口有仪门及门房、厢房，第二埭为大厅、客堂、书房，第三埭为居室、客堂，第四埭为厨房、柴间等。东西厢房有房 11 间，北屋 13 间。北屋和北围墙之间有个小花园，园内有荷花池。

1937 年 10 月，“黑墙头”宅院的大部分房屋被侵华日军飞机投弹炸毁。至 20 世纪 90 年代，余屋全部拆除。

王家弄的“白祠堂”“红祠堂”

虹桥镇虹二村王家弄宅基，南濒蒲汇塘，西靠西上澳塘。宅基内曾建有一白一红两座祠堂，南北相对。

“白祠堂”位于宅基东南角，为清末民初徐姓人家所建，有一间正房，两间厢房，青瓦白墙，正宗传统风格。

1958 年虹桥乡虹星农业社妇产院

“红祠堂”位于宅基东北角。1935 年，上海有户俞姓人家看中王家弄的“风水”，购地建造了一座“俞氏宗祠”。祠堂坐北面南，有正房三间，厢房两间，围有院墙。建筑风格中西合璧，墙体均用水磨红砖，因此人称“红祠堂”。仪门高四五米，设五阶花岗石台阶。屋面为琉璃青瓦筒，飞檐翘角雕有图案。正房配落地木雕长门，木窗配磨光玻璃。前走廊设铸铁花型扶栏。天井内铺长方形花岗石板。

1937 年上海沦陷后，俞家人均外出避难，“俞氏宗祠”的厢房被日伪军烧毁。

1956 年春，本地虹星高级农业生产联社二分社在“红祠堂”里开设“第一妇产院”。1965 年之后，这里被改建为虹二大队办公用房。

“汤团里馅头”许家宅

虹五村南部的许家宅宅基形成于明末清初，因附近另有宅基同名，又称“大许家宅”。民国时期，宅内男子崇尚武艺，争强好胜，一旦与外界发生冲

突，即群起出动，因而被外人称为“打人许家宅”。其实，许家宅人并不想逞强称霸，甚至自称只是“汤团里馅头”。

只因许家宅五六十户人家生活在被河道包围的“河圈”里，西上澳塘穿宅而过，宅内拥有15条河沟，水运极为发达，水产极为丰盛，水乡风貌秀丽。但是，陆路出进不便，难以“伸拳踢脚”向外扩张地盘。宅基地貌好似“汤团里馅头”，不好“上桌”充当“正菜”，因此许家宅人心头不甘。

于是，历代许家宅人十分重视造桥，宅内先后建造了老木桥、新木桥、大石桥、宅前桥、钥匙桥、打木桥、搭（土语音“塔”）水桥等七座桥梁。尤其是民国时期村民集资建造的大石桥和宅前桥，均为三孔三堍三拼，长12米，颇为壮观。宅基中部的钥匙桥，为一孔四拼式石桥，建造年代最为久远。

2000年，宅基全部动迁，“汤团里馅头”终于充当“正菜”了。但是，无有历史风物幸存，许家宅人也许稍有遗憾。

薛更浪古树参天

新桥村薛更浪宅基自古树木成片，竹园众多，荷池诱人，古井犹存，环境幽静，生活安逸。尤其令人关注的是河东那株高大的皂荚树，树干要四人合抱，相传已有数百年历史，栽种年代至少是在明代。乡人视其为祖传宝物，改写了唐代杜甫的诗句，用以称颂其“柯如青铜根如石，霜皮溜雨四人围，黛色参天几十尺”。

更出奇的是，至近代古树腹中已空，洞口大如门框，树内可立两人，相传是早年遭受雷击所致。但树冠长有四椤八叉，树枝依然年年开花结满果荚，村妇都用其浸水洗发洗衣。树身还长有“刺头”，夏季里小孩易发“热疖”，摘取“刺头”可“挑痈肿”去毒。这株皂荚树的风采，令薛更浪人引以为豪。

直至20世纪70年代，古树逐渐枯萎。80年代，因“有碍村宅规划”被砍伐而失。

徐家宅人撑旗吃饭

20世纪30年代,虹五村徐家宅宅基上有一家徐姓大户人家,拥有土地众多,家中人手也多,而有的田块远离宅基,出工之后就不便互相招呼,遇有要事难以及时告知。于是,徐家人就在门前广场上竖起一根高高的旗杆,田块位置再远也能一眼望见,每日里分散在田间劳作的家人何时收工吃饭,遇到要事人分各处何时统一行动,均以升旗为号,无须呼喊声张。

这户徐家人每天如此"撑旗"的举动,别开生面,令人忍俊不禁,难怪四周宅基乡人每当看见此举,就会脱口戏称一句"撑旗吃饭徐家宅"。

1993年虹五村徐家宅

本地盛行绞圈房子

清代前后，虹桥地区几乎每个宅基都会有绞圈房子聚落，有的地方甚至连片成群，成为上海城郊一道亮丽的风景线，展现了本地区乡风民俗的特点。

绞圈房子是独具特色的村宅建筑形式。建造时，坐北朝南，将墙门间、正屋、厢房、后房等建筑物首尾相连，左右对称，东西勾连，“绞”成“回”字形一个圈，中间为宽敞的天井（俗称“庭心”），一侧有一口井。绞圈房子的屋顶双坡绞接，白墙黑瓦色彩简洁，山花斗拱结构考究，家人团团聚居，又注重防盗防窃。各户人家前埭墙门间，大门居中，梁上都会悬吊一个神龛，摆放着祖宗牌位，故称“家堂”。

本地绞圈房子有四种规制：“两埭五开间四厢房”或“一埭五开间四厢房前围墙”，呈“回”字形，全封闭“四合院”；“一埭五开间四厢房无围墙”或“一埭三开间四厢房无围墙”，呈“凹”字形，半封闭“三合院”。有的地方将绞圈房子相勾连，人称“双绞圈”。

经典“绞圈房”

在诸家浜东首，曾有一处由诸姓人家建于清嘉庆年间的绞圈房子，其建筑风格讲究传统规范，其内外布局尊重地方习俗，是本地传统民居的代表性建筑。宅院主体坐北朝南,门面五开间,进深三埭,东西两侧均为厢房,院内大小房间共有四五十间。宅院门前空场栽有杏树、榉树、榆树等,北墙外有一大片竹园。仪门分设两个,正南面仪门高五六米,东面仪门略矮,均为飞檐翘角,上下左右配有砖雕,装饰着吉祥图案和故事图像。三埭房屋正中各有客堂,均挂有堂匾,用方砖铺地。前埭客堂即"墙门间",悬供祖宗牌位。二埭房屋略高于前埭,正中为厅,称"大客堂",为宅院核心部位,室内装饰讲究,前后置落地门窗,嵌有雕花板,主要用于接待贵客和举办宴席。后埭正中称"后客堂",为家族内部私密之处,旁人免进。西厢房外面,沿诸家浜还建有十几间饲养家禽、牲畜的辅房。三埭房屋连同墙外的树园、竹园、辅房等,合计占地约 5 300 米,因此人称"新造屋,豪门头"。

诸家塘绞圈房子

清末民初,虹桥顾氏家族在蒲汇塘两岸建造的"黑墙头""明远堂""润德堂"等宅第,都是本地绞圈房子的代表之作。

只可惜在抗日战争时期,这些经典的绞圈房子宅院惨遭战火而大部毁损。

实力大比拼

虹六村朱家木桥宅基,清同治年初,朱姓人家建造了七开间二埭头绞圈房子,人称“朱家里”。清末,又有徐姓人家建造了七开间三埭头绞圈房子,“润德堂”和“树德堂”子孙满堂,成为大户人家。

光绪年间,虹六村戴家宅朱姓人家人丁兴旺,实力充足,在宅基北首后浜边成功建造了五开间四埭头的绞圈房子。朱家宅院进深有四埭,规模出众,气势不凡,在乡间称雄,被乡人敬称为“朱家塔”(意为“朱家那地方”)。当年,新媳妇嫁进朱家门,或新女婿到朱家来接新娘,每走进一埭房屋,凡见门都要下跪磕个头,以示敬重建宅老祖宗。

普通农户一般自建三开间两埭头“小绞圈”为住宅,若能建造五开间三埭头的绞圈房子宅院,就算是一番十分艰难的“创业壮举”了。光绪十年(1884),红春村石家巷宅基王姓人家两兄弟刚成家立业,为了合力建造一处像模像样的新宅院,勤奋耕作,省吃俭用,一直留心购入价格较为便宜的建材。积蓄多年,才决定动工兴建。结果,造造停停,工期拖了两年。由于实力不足,越造越感到吃力,待建到第三埭房屋时,建材质量明显不如之前,却有心无力。最终,“五开间三埭头”总算勉强完工。

相配“枝杨圈”

虹桥地区的殷实人家兴建绞圈房子之后,都喜欢围绕房前屋后,在空场地上种植一圈枝杨,并耐心将枝条弯成半圆弧,一弧接一弧紧紧相扣,经重复结扎加以固定,形成一个大篱笆。平时反复剪枝,认真整理,待两三年之后,这一圈枝杨就会长得枝密叶茂,胜似一道 0.6 米高的绿色矮墙,使绞圈房子更显气派,既明示了各家地盘的范围,又美化了整个村宅的环境,乡人齐叫好,习惯称之为“枝杨圈”宅。

在虹桥村王家浜宅基,有 6 户人家环绕绞圈房住宅及竹园所扎成的枝杨圈，一个圈接一个圈，总计长达500多米。每逢春天来临，宅基内的新绿的枝杨圈一眼望不到头，场面十分壮观。

虹桥集镇东、西端两头各有一个以“绞圈房子枝杨圈”为特征的住宅群。东面宅基人家全姓沈，却不称沈家宅，而称为“东枝杨圈”。西面宅基人家全姓丁，也不称丁家宅，而称为“西枝杨圈”。

新式“走马楼”

民国初，“江苏省议会议员”顾镜清率顾氏家族数位堂兄弟，合力在蒲汇塘北岸建造新宅院，取名“明远堂”。

顾氏新宅院为五开间三埭，规模适中，外观保持绞圈房子传统式样，讲究坐北朝南，绞圈而建，粉墙黛瓦，色彩清淡，传统屋脊，两端护墙，显得低调不张扬。但走进去一看，可见处处与众不同。顾镜清是新潮人物，又家境富裕，因此大胆应用新兴建筑材料和营造工艺，尝试混凝土砖木结构，水泥磨

2001年沈家宅绞圈房

石子地面。令人耳目一新的是，他将第二埭和第三埭正房建成了二层楼房，而且楼上环绕天井设有回形走道，各室可相通，人称“走马楼”。主要房屋的装饰中西合璧，营造出洋派气息，以示身价。但是，居住仍讲究长幼有序，保护私密，底楼正屋延续传统习俗仍称“堂”，挂的都是传统书画。

因此，顾家这幢设有“走马楼”的绞圈房子顿时轰动四乡，人们纷纷前来参观，争相仿效。

于是，这种新式样的绞圈房子在虹桥地区开始流行，既保留传统绞圈而建、左右对称的基本格局，又吸收上海城区里弄石库门房子以细部体现洋派的优点，普遍为三开间二层楼，规模大的有五开间二进以上。因这里用地价格比上海城区宽松，绞圈楼房的开间面积大多较阔绰，所以比城区里弄石库门房子更显气派。

20 世纪 30 年代，本地乡村建造二层楼房住宅已成为普遍现象。同时，乡人对绞圈房子的传统格局逐步进行改良，建筑风格走向现代化。

传统地名的“文化密码”

村宅概况

乡间传统自然村宅，有大有小，有老有新，凡是乡民聚居的村落，上海地区统称为“宅基”。

1950 年至 2000 年，虹桥地区 16 个行政村内共有 128 个宅基，规模大小不等，风貌持续变化，人口不断增加，而宅基数量长期未变。

虹桥地区宅基名称大多以始迁者姓氏命名。在 128 个宅基之中，有 107 个宅基的地名以始迁者姓氏打头，而且有 60 个宅基名称首字与宅基村民姓氏第一大姓基本一致，其中有 49 个直至 2010 年仍维持原比例，说明这些宅基的土著农户比较稳定。

这 128 个宅基大多已有三四百年的变迁史，有的元代已经形成，有 700 多年的历史，大多形成于明清时期。不少宅基的始迁者来自江苏、浙江、安徽诸省和浦东、青浦等邻县各地。深究村民的祖籍地，则与上海城区内海纳百川、五方杂处的人口结构基本相似，体现了这里作为上海城乡交接地的一个地域特点。

虹桥地区有些宅基因历史底蕴深厚而享有盛名：长春村周沈巷宅基是元末上海县首任知县周汝楫后裔的聚居地；新桥村薛更浪宅基是清代进士

薛鼎铭的故里；井亭村井亭头宅基的“三和尚”传说流传了数百年；虹二村诸陈家宅宅基的“红色印记”光耀四乡。

取名习俗

地名一般总是由生活在当地的居民以其语言命名。地名的命名常反映当地当时的某些自然或人文地理特征，还能反映一个民族的心理状态、风俗习惯和其他文化特征。

村宅不论大小都会有个专名，名称不论雅俗都会得到公认。起初只是随口而出，经口耳相传，众人各自选择，一旦约定俗成，便越叫越顺口，四乡同声，历代相传。

虹桥地区村宅的地名用词简洁、朴素，一目了然，顺口易记，又读音响亮，不失机趣，鲜活生动，且自有规律可循，更有故事可挖，其中散发着浓郁的乡土文化韵味，蕴含着鲜明的人文地理风情。稍加梳理，即可以发现以下几个特点：

一，以始迁者姓氏打头，突出土著人家族群。同一行政村内同姓氏的宅基，就加以规模大小或年代新老或方位东西南北等字眼作为区别，例如王家宅、西王宅、东王家宅、北王家巷、小许家宅、余家老宅、余家新宅、余家北宅等宅基。虹桥地区有四个宅基都取名“曹家宅”，分布在四个村，仅分东西南北仍会搞混淆，因此正式场合需要称作“先锋村曹家宅”或“虹桥村曹家宅”。当宅基扩大而村民第二大姓崛起，或由两个小宅基合并时，就以双姓氏打头，例如称周沈巷宅、诸陈家宅、董俞家宅等。当宅基始迁者姓氏后人衰落甚至消失，其他姓氏村民尊重历史，会依旧沿用老地名。

二，以村宅最初形态作后缀通名，显示其由来已久。例如张家宅之“宅”说明最初就是纯农户聚居地，陈家行之“行”说明最初以店铺为中心聚居，沈陈巷之“巷”和王家弄之“弄”都说明最初因房屋众多以主要巷道或夹弄式主干道闻名，濮家湾、柿子湾之“湾”说明村宅地处河湾，最初临水而建。

三，以当地地貌作后缀通名，显示村宅外貌特征。本地乡人自古临水而居,因此大多借用附近河流、湖泊的名称兼作居住地地名。例如李家浜、何家塘、新浜浪、西湾浪、塘湾宅、上澳塘、新泾口、新江口、蔡家角、石家堰等宅基。

四,以当地地标物打头或作后缀通名,便于外人识别。例如小闸里、程家桥、姜家桥、蔡家木桥、朱家木桥、八字桥、罗汉松宅、东枝杨圈、西枝杨圈、梅园史家宅等宅基以及俞家祠堂、周家坟山、顾家花园、朱家油车、高家窑等。

五,以当地知名行业作为专名,产生广告效应。例如鸭场浪、窑浪、窑浜浪、船浜浪等。

六,显示迁居变化,又强调族群归宿。例如高八房(高姓八户分支住宅)、七房史家宅(史姓七户分支住宅)等宅基。

七,沿用历史遗址名称,彰显本地文化传统。例如小闸桥、井亭头、新桥宅等。

不忌土味

各地所取地名从词义来说,主要有描述性的、祈愿性的、纪念性或政治性的三类。而虹桥地区历代乡民淳朴实在,最初为村宅取地名时不追求词语华丽,讲究的是“让人识得出,记得牢,传得开”,因此所取地名大多直白描述,常用土语通名,力求干脆利落。而后人尊重先辈文化遗产,不会随意改变,即便有人出于某种利益需要强行取出个新地名,乡民也依旧习惯使用传统地名。

在虹桥地区村宅地名之中,那些颇具泥土味的词语往往是本地方言所独有的部分。例如小闸里之“里”、黄家浪之“浪”、杨家塔之“塔(音搭)”,其意均是指“这个地方”。因其方言口味重,外人一时可能不理解,而一旦领会必定难忘。再如薛更浪之“更”,其义同“家”,因此又可称“薛家浪”,但乡人还是喜欢老祖宗传下来的口音,称“薛更浪”。

虹四村自古有个宅基叫“库里”,村里人口很少,一直是个“小里”(小地

方)，而本地方言“厍”与“小”的读音相近，以“厍里”作为正式地名就不含任何贬义，显得文雅又别致。

本地方言口音自古与众不同，许多土语独具一格，吐字响亮，声音干脆，情感饱满，带有上海城郊乡间特有的泥土味，令人印象深刻，闻声便会心一笑。人们凭此口音，即可识得“虹桥人”，深感有趣。

怪异有因

本地个别宅基的名称实属罕见，而且有些怪异，但其中自有特殊含义，历代乡人都不愿舍弃。

西郊村东部有两个宅基，宅基规模不大，东西相距不远，各自依水而建，互相之间并无直接关联，东面的宅基取名“龙船头”，西面的宅基人称“龙船梢”。两个宅基地貌相似，均以“龙船”称呼，都源于同一则民间传说：相传，古时有一条恶龙从天而降，隐藏在湖边芦荡丛中。当地有个余姓乡人挑肥路过这里，猛然发现恶龙身影，便将肥水泼了过去。正巧，都泼入了龙的眼睛里。那恶龙顿时腾空跃起，却又“嗵”一声扑地砸下，头朝东方，尾在西南，身体弯曲，姿态僵硬。农人急忙叫喊呼救，召唤乡亲们赶来与其恶斗，回头却只见那恶龙甩龙头，摇龙尾，一阵猛力挣扎，竟然就地掘出了两个极大的泥潭，两潭之间便是长长一条月牙形的深沟。一转眼，泥潭深沟内积水上涨外溢，而恶龙却已经无影无踪。乡亲们赶来一看，齐声称奇，认定这是天意，将“龙船”停泊于此，这里必成宝地，遂将两个大泥潭分别称作“龙船头池”和“龙船梢池”。余家人带头迁到池边建宅耕田，繁衍子孙。不久，不少乡人相继也迁来定居，就此形成村落。

这个人称“龙船”的地方，一向被人们视为“风水宝地”，名扬八方。后来，享誉上海滩的“怡和花园”“沙逊别墅”“孔家花园”等豪宅名园都建造在这里。

“虹南”在哪里

“虹南”，顾名思义，是指虹桥集镇南面的地方，位于今虹桥镇中南部。但是在近百年间，由于区划多变，世事纷扰，导致人们对“虹南”的认知有些模糊。

1951 年 5 月，新泾区设立“虹南乡”，这是一个“大乡”，涉及范围远超后来虹桥公桥的“虹南大队”。

1954 年，虹南乡“虹光初级农业生产合作社”率先成立，取虹南乡之“虹”和走合作化光明大道之“光”两字命名。

1955 年 12 月，在中共中央办公厅编辑的《中国农村的社会主义高潮》一书中，有两份材料反映了新泾区诸翟乡、虹南乡农业生产合作社建设中存在的问题，毛泽东主席亲自撰写了编者按语，要求“还要努力作战”，加速发展高级农业生产合作社。由此，“虹南乡”被载入历史叙事，颇有影响。

1956 年 3 月，新泾区划归龙华区，原“虹南乡”大部地区就此归属于虹桥乡。

1959 年 8 月，虹桥人民公社成立后，这里建立“虹南生产大队”，涉及南中更、潘家桥、北孙更、八字桥、余更浪、邹家宅、王家宅、上澳塘、陆家塘、徐长桥、马家宅、徐更浪、许家塘等传统宅基。

1972 年 2 月，上海人民出版社出版长篇小说《虹南作战史（第一部）》。

这部小说所称“虹南”是以“上海县七一公社号上大队为原型”，旨在反映“在社会主义革命运动中坚持路线斗争”的全过程，被称为“文化大革命”开展后中国大陆出版的第一部长篇小说。“虹南”这个地名，在当时产生了不小的社会影响。

由于有如此一说，不少人以为“虹南”在七宝镇的号上大队。其实，这是好事者“借用”毛泽东主席的“编者按语”进行的“艺术虚构”，将“虹南”拖到七宝号上去了。

“七宝号上”一带，原名“壕（hào）浪”，1948 年至 1958 年属虹南乡。1958 年 9 月，属七一人民公社。一年后，划归虹桥公社。1961 年 10 月，划归宝北公社。1966 年 7 月又归七一公社，改称“星火大队”。1969 年，有关部门认为“壕浪”两字不便人们书写，改称“号上大队”。因《虹南作战史》的广泛传播，“号上”深入人心。

1984 年，“虹桥公社虹南大队”改称为“虹桥乡虹南村”。

一番历史周折，才导致世人产生诸多误解。

第二章

岁月乡情

1948 年虹桥地区航拍影像

1980 年代虹桥风情之三(徐喜先摄)

本地棉布业兴衰掠影

农家土布集散地

上海县是元代棉纺织革新家黄道婆的故乡，有“衣被天下”之称。虹桥地区距乌泥泾不远，当年黄道婆四处传艺，当地农户受益不浅。明清时期，本地区农田多系旱田，不宜栽种水稻，所以农田有十之六七种植棉花，而且品种多为优质白花。本地区农民一向以手工纺织棉布为主要家庭副业，以弥补耕种收入之不足。清代中叶，蒲汇塘流域地区的农家棉布生产和集镇棉布业达到鼎盛时期。

本地农家自制的棉布，俗称“土布”“老布”。蒲汇塘一带农家专供出售而生产的主要是“稀布”，俗称“卖头布”，分“南门稀（西稀）”和“北门稀（东稀）”，棉布业界则称之为“清水布”，而农家自制自用不出售的是“单扣稀”。农家收获棉花后，要剥去棉籽，纺成棉纱，上布机织“卖头布”之前，要请人相帮“经布”和“刷布”，最终赚到手仅是“辛苦铜钿”。棉纱纺成后要染色、刮浆，俗称“经布”，是一项需要众人合作完成的技术活。本地鸭场浪村民精于此艺，时常在宅基南首空场地上操作，日长时久，竟然踏出了一段300米长的“经布路”。

《蒲溪小志》记载：清道光年间，七宝镇蒲汇塘南东塘滩作坊集聚，专制棉纺织工具，因此“又名纺车街，以此街中人多制纺车售卖也，其长约三百余步”。

村民出售“卖头布”，全靠专事经营棉布交易的“布庄”“坐商”“行商”“牙行”“标客”等，多方联手才形成了地方棉布产业。清代，虹桥集镇开设布庄，各地布商向镇上布庄发银预购，布庄收布后转发给各地布商，依靠蒲汇塘水运之便，方圆 5 000 米内的农家都会携布赶来交易。虹桥集镇虽不及七宝老街繁荣，但也是上海地区重要的农家自制棉布集散地之一。

新桥王家靠布业兴旺

生于明万历年间的新桥人王继鳌（字公绍），成年后即在虹桥集镇上经营布庄，毕生专事棉布业，由此发迹致富。其子孙大多继承祖业，在虹桥集镇内外开设了数家布庄，与上海王大昌布号等棉布业界朋友建立了广泛的业务联系，还通过官衙争取了军需业务，得益可观。王氏家族靠布业成为望族，家境日益充裕。

“咸丰兵灾”时期，新桥王家各房族人均外出避难。他们主要靠王家嘴角新泰布庄、华泾镇王书田的大昌布庄以及西牌楼、长桥等地棉布业好友出手相助。王萃元一家老小数十人，曾在浦东题桥正美布庄寄居了很长一段时间。

新桥王氏家族在上海棉布业界具有声望，“上海布业公所”成立后，推举王萃龢作为家族代表出任董事。上海豫园内的“得月楼”，清康熙年间为布业议事办公之所。光绪十七年（1891）起，上海布业同行集资修建所舍，使精致的庭园焕然一新。于是，王萃龢客居在此，求得清静，钻研学问。光绪二十年（1894），“绮藻堂”被改称为“上海布业总公所”，特邀王萃龢撰写《重建得月楼绮藻堂记》，并在此立碑。他还为“绮藻堂”手书联句：

大海实能容，且放过蛮布，来航蜃楼作市；
明月不常满，乃令见天孙，织锦神女凌波。

堂联所描述的是上海棉花种植和棉布纺织业盛况，至今悬挂在“绮藻堂”内。

王萃龢在《重建得月楼绮藻堂记》中对当时上海布业发展的处境发表了自己的见解，鼓励业界同行从长计议：

> 吾邑布业，近数年来稍稍疲矣。论者谓自泰西布入内地，相率为利，故土布梗于市，而生计艰。理固然也，而亦不尽然也。传之言，丰财也，先之以和众。盖财之力，出于众和。则意见可以互证，计议得以从长。勿存嫉忌之私，勿诡懋迁之术，彼此和衷，相与裨益，而财以丰。自今以往，遵斯道也。

王萃龢胞弟王萃馨（字子良），长期跟随兄长四处闯荡，文才出众。光绪二十年（1894），他专为上海豫园“三穗堂”撰写的堂联，字字饱含深情，令人回味无穷：

> 秋水藕花潭，蟾窟流辉，楼台倒影涵金粟；
> 晓风杨柳岸，莺梭织翠，村巷随声纬木棉。

此联工整老道，由寄居豫园的书画名家殷宝龢书丹，至今被悬挂在“三穗堂”内圆柱上。

王萃馨虽然未曾专心继承祖业，直接经营布业，但他长期跟随兄长奔波，因此对上海棉布业的发展概况十分关注，且有所研究，并有不少独特的见解，所著《棉布论略》一书，于宣统三年（1911）线装铅印出版。

转产创办轧花行

清道光二十六年（1846）起，上海滩洋布洋纱盛行，售价与土布相当，而门幅宽三倍。本地棉布产销业受到强烈冲击，集镇土布市场因此急剧萎缩，

上海豫园绮藻堂

绮藻堂记碑

王萃龢手书联句

各家布庄和乡村织布农户的处境越来越艰难,但是他们依然奋斗不懈,寻求新路。

于是,陆续兴起创办轧花作坊,形成采棉、轧花、纺纱、染色、织布、销售等一条龙,分工细致,使沪郊的纺织业生产走向专业化。所谓“轧花行”,即在当地收购籽棉后,利用机器轧去棉籽成为“皮棉”,再按照不同品种、等级打成棉包,运销上海花衣行。初用木制手工轧花机,再用铁制“脚踏轧花车”,每台每天可加工 20 千克,后改用“牛打轧花车”。光绪十三年(1887)前后,上海张万祥锡记铁工厂成功仿造出日本新式轧(棉)花车。各镇有实力的布庄、米行纷纷合股购置。顾氏家族在新街弄开办“义隆轧花行”,在西湾浪开办“义昌轧花行”,配有数十部轧花机,雇工轧花和运输。南街右村沈家开办“沈三泰轧花行”。本地棉布业就此重新打开门路,一到棉花收获季节,蒲汇塘中船来船往,各家“轧花行”轧车声轰轰作响,给集镇营造了几许繁荣,使乡民生计有了指望。

民国时期,虹桥集镇的棉布业在困境中艰难发展,在经营“洋布”的同时,始终给乡间部分农家的自制土布生产保留着一条销售出路。至 1936 年,集镇南街尚有轧花行四户、布庄三户、弹花行二户、染坊一户、成衣铺一户。至 1949 年,蒲汇塘北岸也有轧花行二户、成衣铺四户、弹花行二户、裁缝店一户。

上述内容,说明虹桥地区有不少风物与上海棉布业兴衰相关联,既是本地经济社会变迁的一个缩影,也折射出了上海城郊数百年间地方经济发展的基本轨迹,值得今人进一步深入发掘和研究。

清代进士薛鼎铭

诸翟执教

薛鼎铭，字象山，号苇塘，清代上海县虹桥乡薛更浪（今属新桥村）人。父亲薛仁木，因以医术精湛出名，言行谨慎。

薛鼎铭自幼善读，弱冠为县学诸生。清乾隆十八年（1753），乡试以五经考中举人。

首任苏松太兵备道、申江书院（敬业学堂前身）创办人翁藻（字朴存，号荻州，浙江仁和人）闲暇时常喜爱召集沪地诸生，讲释经书，丹黄文艺。他十分器重薛鼎铭，特聘其担任自己儿子的训导师。

乾隆二十八年（1763），薛鼎铭赴京城参加会试，获殿试三甲第二十九名进士。

乾隆二十九年（1764），在等待朝廷选用期间，薛鼎铭移居紫隄村，在鹤龙桥西南的明志堂开馆授徒。据新嘉里沈复云（字成章，导守愚）《追怀同学》诗序记载，当时前来入学的学生有紫隄侯氏子弟侯丙德、侯君贻、侯藻临和本地沈复云、徐田瑛等，以及周边陆家角的陆粹中，松江的张渥沾、钱丕祖、盛麟、王翰，泗泾的秦孟亭、秦季亭，徐泾的赵卓霖、赵振青，七宝的陆望海，莘庄的张炳恒，西牌楼的张萃华，南汇的张伯元、杨心香，九团的沈嘉荫，

青浦的蔡鸣雝、陆粹风、陆宝锟、戴象济、瞿振宗、赵灵原，西岑的倪宾肃、洪猷，飘湖的张时升，章莲塘的万慎修、孙占言，元和的陶观霄，千墩的李伦，观音堂的王观国，盛巷的顾在莘等，竟然多达三四十人，而且生源之广涉及数县，实属罕见，当地学风随之重新兴盛起来。为此，沈复云晚年撰诗云：

一堂济济话绸缪，尽道青云足下浮。
五十余年抡指数，金兰谱上几人留。

在明志堂执教时，薛鼎铭编写了《明志堂述训编》二卷，细述父亲遗训和自己的心得，以示子孙和学生，并邀请乾隆二十五年（1760）进士董锡嘏（娄县人，任龙游县知县）撰写序言。

薛鼎铭娶紫隄村汪若锦（庠姓赵，字蓉程，乾隆八年金山卫庠生）次女为妻。

浦江政声

不久，薛鼎铭出任浙江金华府浦江县知县。在任期间，政声卓然。他兴废补敝，建造“东自新”“西自新”两亭（均系“拘束案犯示儆”之地），修建“十三贤祠”。

清乾隆三十九年（1774）和乾隆四十二年（1777），薛鼎铭两次担任乡试同考官，人称“得士”（得士人的心）。他主张作文应当“说理清楚”，认为：“文之清者，多是廊庙之器。意理不杂之谓清。雅淡者清，绚者亦清。简净者清，畅茂者亦清。人但见墨卷之浓，而不知其自首至尾，只‘清’字不易及。”他主张文辞既要典雅，又要浅显，“墨卷切忌肤浮，又忌深晦，切实而能爽朗，无不售者”。他强调文势要流畅贯通，“上乘文字，以神理为主。今日场中，理不必太精，神亦未必尽能领取，只争一个‘气’字耳。气盛自足以夺人。若节节为之，推敲字句间，而气更销沮，未论文之工拙，已先输却别人矣”。

乾隆四十一年（1776），薛鼎铭在浦江县作忠堂关帝庙神座之下，重新发现明代名胜“月泉”的泉源，即组织进行复建，并撰《重浚月泉记》，声称：“月泉不专以澄澈甘美，而以随月消长见奇。天下之水，鲜有似于此者。”他还在浦江县与金华县分界的太阳岭顶上，重建了名胜“界云亭”，并赋诗云：

> 亭翼然兮山峨峨，男儿壮志空蹉跎。
> 悠悠万古白云在，片石尘埃可奈何。

《明志堂述训编》书影

这一年，薛鼎铭所续修（胡廷槐纂，薛鼎铭亲纂人物篇）的《乾隆浦江县志》二十卷刻印问世。

乾隆四十四年（1779），因遭贪官诬告，薛鼎铭谪居西湖。相传，晚年时曾居住在青浦小西门外，家宅毁于太平军兵事。

薛鼎铭一生笔耕不辍，著有《明志堂述训编》二卷、《墨谱》三卷（卷一《会元薪传》、卷二《论墨杂法》、卷三《劝学九条》）、《养蒙编》二卷、《桃研斋诗文稿》《春余吟诗文稿》等。清乾隆四十二年（1777），《养蒙编》自序付梓（同治九年重刊）。

子孙有为

薛鼎铭孙儿薛乃鲲（1822—1883），字凤三，号春畲，晚号病渔。国学生。贯通经史，下笔成文，岁科试札列为优等。他还兼通医理，清军驻扎本地新桥时，正巧疫情流行，即入军营，帮助救治。清同治年初，为避兵祸，他与兄弟一起寄居徐家汇萧氏祠堂。当时，上海县知县刘郇膏闻听其名声，便聘其为北新泾团练局文牍，不久又推荐为儒学训导。光绪元年（1875），受紫隄村

徽帮汪氏家族之托，薛乃鲲在汪永安《紫隄村小志》的基础上，辑修成《汪氏龙江支族家谱》，将相传十一代的龙江支脉世系做了梳理，并追叙事实，一一载明，以传后世。光绪四年，参与编修《青浦县志》。晚年，寄居梅家弄西牌楼张氏凤翥堂，设帐授徒，学生众多，有的特从远道赶来。他孤行苦诣，不求闻达，同青浦县熊其光、南汇县张文虎等名士相友善。卒年六十有余。著有《课余杂记》《云间同登录》《特秀集》等。《民国上海县续志》有传。新桥王家与其为表亲，王萃元《星周记事》中亦有提及。

其孙薛乃畴，字献九，号访庵。嘉庆壬申年(1812)贡生。好学敦品，性格耿直磊落，精《易经》。卒年亦六十有余，门人称为“明修先生”。著有《观物偶记》《知次录》《算学心悟》等。搜集祖父诗作三百首，辑成《桃研斋诗文稿》。其子薛日熙，字台卿，贡生，精读《春秋》，著有《仪礼津逮》。

革命烈士薛传道(1921—1949)，字服生，祖居梅陇西牌楼凤翥堂，后迁漕河泾西首老坟山，疑为薛鼎铭后裔。

《星周纪事》实录咸丰兵灾

七宝、虹桥、莘庄、梅陇地区长期处于上海城郊要冲地带，当今是闵行区最繁华的地方。然而，今人不会想到，在清咸丰十年(1860)至同治元年(1862)间，因太平军攻打上海，这里一度成为血腥战场，到处刀光剑影，战火成灾。当时，有一位叫王萃元的虹桥文人每天坚持写日记，详尽地记载了这场战乱的全过程。后来，他的笔记被世人一再刊印，名为《星周纪事》。

《星周纪事》有上下二卷，1936 年上海通社出版铅印本，为《上海掌故丛书》之一。1988 年，上海古籍出版社将其列入《上海滩与上海人丛书》，重新出版。

举家避难

王萃元，字子俨，号陆生，清嘉庆年间生于虹桥镇新桥村。据《星周纪事》记载，清咸丰三年(1853)二月，太平军占据南京时，他正在松江城内苦读，准备参加科考，谁知时局突然动荡，科场停考，其仕途就此被搁置了。

咸丰十年(1860)，定都南京已七年的太平军主力发起东征，第二次大破清军“江南大营”后，五月起挥师直下松江府及上海县。

为了防御太平军，上海县县令刘郇膏(字松岩)动员各地兴办民间武装

组织，称作“团练”（俗称“乡勇”）。虹桥乡人听闻泗泾、七宝一带清军与太平军时有交战，纷纷弃家外逃，无心充当乡勇。身为长子的王萃元率全家老小二十多人向蒲汇塘南一路逃难，先后在俞家宅、梅家弄、朱家行、西牌楼投亲靠友，躲避兵火。时值七月，天气作怪，阴雨连绵，逃难人更加艰辛。眼看浦西无处安宁，王萃元家人索性跨过黄浦江，避到了浦东题桥镇的正美布庄。

面对战火时远时近，虹桥乡董严惠高无力担当，心急火燎，但束手无措。王萃元胞弟王萃龢年轻热血，未曾随家人外出逃难，不时跑到泗泾、七宝一带观察真实动静，再赶到各个族人避难处给家人通风报信。

七月十日，上海知县刘郇膏下令乡镇民团赶到龙珠庵修筑河坝，以阻断蒲汇塘、盘龙塘之水路，抵御太平军东进上海。

时局空前紧张，民团慌忙备战，百姓走投无路。

乡勇出征

清咸丰十年（1860）农历九月初五，太平军向上海县城发起进攻，逼近虹桥地区。乡董严惠高率二十多个乡勇匆忙上阵应战，结果均被斩杀。乡人更受惊吓，不敢再轻举妄动。

十月初一，上海县衙向各乡团练发放枪炮、军装、火药、铅丸、器具，以抵抗太平军。可是，虹桥地区十室九空，一时难以响应。

十月初三，太平军进攻上海县城不克，只得退回到青浦。

战火暂时平息。虹桥乡人陆续返回，眼见家乡遭到焚掠，慌忙组建本乡团练，按户出丁，推选甲长，筹集经费，又建立起一支乡勇队伍。

此刻，王氏家族承担团练事务，由王萃元、王萃龢“襄理其事”，乡人推举其父亲王鼎琳（字耐斋）出任虹桥团练总理。

从未经历军事训练的虹桥乡勇们就此出征了。《星周纪事》记载了他们当时转战各乡的情景，有胜有败，有喜有悲，极为翔实，其情景出乎后人的想象。

咸丰十一年(1861)二月四日,虹桥乡勇征战到吴淞江野鸡墩北岸,获胜。第三天,又去增援江桥。

二月十五日,虹桥团练在野奴泾东修筑防守设施,“祭旗演炮”,以壮声势。

三月初六日,英国驻华海军司令何伯率美法联军 1 900 余人,雇用随从数百,携带十余门大小炮,从徐家汇出发,途经虹桥、新桥,当晚宿营于七宝镇。次日上午,英法联军炮轰七宝王家寺(位于今虹桥机场内)太平军营垒,交战半小时,四五千名太平军不敌,弃营而退。

五月十三日,虹桥乡勇再次征战吴淞江野鸡墩,又获胜。二十五日,再赴新泾交战,乡勇金桂芳阵亡。

九月二十五日,虹桥乡勇赴中新泾交战,蔡炳、丁行和等阵亡。

这一年冬天,气候极为异常。咸丰十一年(1862)十二月二十六日,天降大雪,河水成冰。二十九日,从虹桥到新桥,“雪拥及肩,道路不明,足无从入”。徐家汇附近,也是“漫天积雪,风涌如浪”。三十日,雪止,但此后连续十数天,不见冰雪融化,门户被封,路绝行人。此时,太平军准备攻打沪郊东南,亦“为大雪所阻”。清军也被迫暂时“收队”避寒。天寒地冻,战火暂息,各乡镇一时有惊无险。

虹桥激战

不久之后,烽火骤然重燃,加快蔓延。清同治元年(1862)正月,太平军闯入虹桥地区,进行报复性烧杀,激战持续展开。乡团练五六百名乡勇支撑了十个昼夜,未能挡住太平军的进攻,而清军未赶来增援,虹桥地区于十五日最终失守。

光绪《上海县志》记载当时情况:王萃龢“偕亲友,率勇数不满百,就蒲汇土阜,树旗帜作疑兵,黑夜登高狂呼,杀贼声闻数里。贼不敢逼里中,老幼得以保全徙避。相持十昼夜,卒因无援溃散,犹从容赴团局收拾册籍,有黄衣贼目飞骑追至,萃龢越河乃免”。

正月二十八日，在外避难的王萃元赶回新村照看家宅，谁知"但见一片荒凉焦土，我宅族姓之屋十去其九，宗祠被焚，家谱亦毁。我家各房庐舍幸存十之五"。

二月，闻听占据王家寺的太平军又要东进，虹桥团练只得重新修筑防御工事。

《星周纪事》这样记载同治元年二月的战事："初八辰刻，贼马队突冲至井亭庙东，团勇并力站定，贼队遂北。午后，西贼由龙珠庵桥偷窜至姚家角地方，烟光密布，莘庄居民逃避一空。黄昏时，西路火光大起，探悉官兵于七宝北村焚毁民舍。当此贼势万分猖獗，南北官军并不出队迎击。贼大股踞王家寺，探丁至程家桥地方不能再西。惟掳去逃出之人称，贼于该处掳居民橱箱并田间尸棺，借以坚筑营垒，为久踞之计。此间，蒲汇塘北岸自虹桥市西至董家宅密插旗帜，新桥一带则自俞家宅西至娄嘴箕口亦密插旗帜，团勇更番站立，夜以继日，肃静无哗，使贼莫测其虚实。至沿塘迤北村庄俱已尽室逃避，路上更无一人行走者。""初九日，终日安静。……黄昏时，贼火逼近炮台不及半里，众勇登高呐喊，连放大炮，贼不敢再近。是夜来扑三次，俱因呐喊而退，即吾等亦相与助势，喉咙几为之哑。炮台幸得无恙，而新桥北之各乡村大被焚掠。"

二月二十二日，太平军转身向南去，占领了莘庄镇。至二十七日，又南进占领颛桥，达马桥、闵行镇等地。

烽火连天

清同治元年(1862)四月，战事愈演愈烈。清军统帅李鸿章令程学启、滕嗣武、韩正国等率部沿虹桥、漕河泾一线反扑，并急调正在宁波的"华尔洋枪队"回沪助战。

五月初四，太平军从七宝进攻，冲过新桥、虹桥，直逼徐家汇而去。初五，又冲到蒲汇塘南面的蒋家楼、华村庙。初六，再冲到梅家弄、西牌楼。

五月初七日，"华尔洋枪队"在七宝镇郊小渡船、罗家荡与太平军发生激战。其后,两军结集,争夺七宝、泗泾一线。自五月十一日起,双方拉锯交战近十天。十九日,因终日大雨,清军暂时告退,而太平军固守七宝、泗泾等地区。直至七月初,战事未息,始终呈胶着状态。

八月初二,太平军又冲到小闸、新桥地区,越过蒲汇塘直至王家桥、蒋家楼。

九月中旬,太平军几番进退,还不肯罢休,而虹桥乡团练接连受挫,终被击溃。

此时,李鸿章见久攻不下,急令大批清军赶赴泗泾、七宝、虹桥地区,图谋全歼太平军。又经过昼夜激战,一时却难以定局,而双方均已身疲力尽。

直至南京告急,李秀成只得率太平军回救而撤离上海地区。清廷乘机巩固城防,调整兵力,一一夺回被太平军占领的城镇、要道,控制了战局。

在这三年兵火中,由于太平军与乡团练、清兵、外国洋枪队在虹桥、七宝、梅陇等地区持续展开拉锯式交战,使当地遭受了一场灭顶之灾。历经千年名扬江南的七宝教寺、虹桥安国讲寺和大量明清优秀建筑都毁于这场兵灾,以致这里的历史文化遗存几乎灭绝。

蒲汇塘两岸百姓在这场兵灾中所遭受的苦难,在《星周纪事》中多有详细记载,读来令人嘘唏不已。王萃元在书中有《杂感》句云:“既被兵灾仍苦贼,剧怜谷贵更伤民。”这场战事,不论孰是孰非,都无法抹去这些民生苦难。

新桥王家轶事

“新桥王家”由来

新桥村宅，位于北新泾港和蒲汇塘以东，吴中路以南，万源路以西，南与南宅相接。“新桥王家”在历史上赫然有名，自有不少传奇故事。

明嘉靖年间，新村王家祖辈在上海县二十八保蒲汇塘北岸、董俞家宅西建造宗族祠堂，取名“谦益堂”，堂外沿蒲汇塘竖有两座牌楼和一座贞节牌坊，并在蒲汇塘上建造了一座木桥，为有别于集镇上的“虹桥”，取名“新桥”，遂成为地名。因其颇具民望，乡人称之为“小虹桥”。

据传，王氏祖籍江苏南通，明正德年间迁沪。而据王氏族人相传，其先祖为扬州官宦人家，本姓陆，明代初为避“党祸”而改王姓，全家逃到上海县法华镇，后迁到蒲汇塘南岸二十八保一图定居。据方志记载，新桥王氏先祖“王绪，明太医院院使，墓在二十八保十九图蒲汇塘北”。明太医院院使，官正五品。新桥王家族人称王绪为“九华公公”。

王绪之子王继鏊，字公绍，生于明万历年间，为嘉定县学生员。专事经营棉布业，开设数家布庄，家境充实，但生平仗义疏财，砥砺名节。清顺治十一年(1654)，江苏巡抚周国佐为其题“品高玉尺”额。康熙四年(1665)，王继鏊及信士朱鲁侯等出资重建虹桥安国寺，恢复寺基约2.34万平方米。还

1948 年新桥地区影像

特地助田八亩,整修安国寺大殿佛像。

从此,新桥王家以“鼎、萃、丰、临、师、谦、有”字辈承续,繁衍子孙。王氏家族至今已延续四百多年,逾二十五代,历代有从医、经商、执教者,人才辈出,传奇迭现。

王萃元弟兄六人

新桥王家最出名的是王继鏊长孙王萃元(字子俨,号陆生,生于清嘉庆年间)。成年即为县学生员,未从医,也未经商,而在家自设“蒲溪草堂”,潜

心苦读，决意拼搏科考。

清咸丰三年(1853)二月，王萃元在松江城里读书迎考，因太平军占据南京，时局动荡而乡试停考，其仕途就此耽搁。咸丰十年(1860)三月二十一日，母亲重病离世，王萃元忙赶回家中治丧守孝。而此时，太平军东进的脚步已经逼近上海滩。

自咸丰十年(1860)五月起，为防御太平军，上海县各地兴办民间武装组织团练。十月初三，虹桥办起乡团练局，由王萃元父亲王鼎琳(字耐斋)总理局务。王萃元和胞弟王萃龢"襄理其事"。同时，王萃元详尽记载其全过程，辑成《星周纪事》二卷。同治四年(1865)，王萃元为松江府学岁贡生。后以军功保用训导，先后担任溧阳、震泽、丹徒、靖江、镇洋、元和等县学教官。在溧阳平陵书院考核士子的学业时，必亲自监考扃试(考生各闭一室应答试题)，严格把控生员取舍，以致当地文风大变。还创办义塾，扶助大量孤寒子弟。

光绪年间，父亲王鼎琳因王萃元入仕获赠儒林郎，为六品衔。

王萃元晚年返回家乡后，客居豫园内的上海布业公所，潜心研究学问，曾襄校《上海县志》，著有《易文别裁》《易防》等。光绪三十三年(1907)，重游上海文庙县学，感慨万千。八十一岁时，在家中逝世。

王萃元弟兄有六个。其胞弟王萃龢，原名王昌序，字子诜，嗣叔父王鼎璋。自幼性孝友，曾割股以瘳母亲病痛。咸丰六年冬，补上海县学生员。同治元年(1862)因兵灾乡试停考，拖到同治九年(1870)科并补行，十一月终于考中举人，由国史馆议叙选用内阁中书，加四级五品封职。同治十年(1871)，协助父亲主持重建虹桥蓬场庙。同治十三年(1874)，他又出资修葺，并亲自撰联，悬于庙门。光绪十五年(1889)，他与倪绍经合辑的《参校诗传说

王萃龢

存二卷》由广州九耀坊守经堂刊印出版。光绪二十年(1894),应上海城隍庙之邀撰写的《重建得月楼绮藻堂记》立碑,还为“得月楼”题联“旧时月色,本地风光”,今“绮藻堂”内幸存他所书联句“大海实能容且放过蛮布来航蜃楼作市,明月不常满乃令见天孙织锦神女凌波”的手迹。因此,其在上海文坛颇具影响。晚年,他专心训诂之学,丹黄不辍,钞录盈箧。享年七十二岁。另著有《审一居诗文杂著》三卷,辑《韵学汇编》二卷、《说文札记》十卷等。

三弟王萃祥,字子善,号元度。八岁丧父,哀毁如成人。昼禀祖训,夜奉母教,勤学好问。立志继承家学从医,勤奋学习之暇,还精研《内经》及历代名人著述。光绪元年(1875),为松江府学岁贡生,性极谦和,文章渊雅,岁科试常列优等。江苏学政黄体芳(字漱兰)阅评其试卷时,赞叹其为“老手不经意之作”。王萃祥中年后下定决心,继承家学,专以医术救活病人,遇到剧症总是能获效,诸医敛手推服。家虽贫,从不计较锱铢得失,西乡之受惠者尤众。晚年家境好转,终年七十多岁。上海名士秦锡田(字君谷,号砚畦)尊王萃祥为“丈”,为其列小传,并撰诗赞曰:“盘荻亲心苦,庭槐祖泽长。文场推老手,宾馆挹谦光。食古化陈腐,医贫得秘方。承先还启后,家学衍青箱。”其子王思沂,随父从医,也成茂才。

四弟王萃昌,字子云。1914 年 3 月,在蒲淞市议事会改选中,当选议员。

祖传珍物

五弟王萃仁(?—1907),字蕉声,别号绿天居士。附贡生。性情和易,敦厚朴素,专心好学。自幼喜爱书画,家中栽种芭蕉数十株,有空就摘叶习字。习画于侯梅衫,得神似铁笔,有秦汉遗风。壮年迁居松江城,与杨兆椿、耿道冲辈善,结社倡酬,汇编《碧纱笼诗集》。又绘《种蕉学书图》三十余幅,题词百余首。爱好古钱,精鉴别。光绪三十三年(1907),因病逝世。2009 年北京秋季拍卖行拍卖王家一件祖传珍物:光绪元年(1875)秋,名士方朔(字小东)以西汉甄邯石室砖琢砚制铭,砚边两侧保留汉砖模印

铭文“富贵”两字及方孔钱纹。砚体朴拙大方，简洁凝重，历经文人赏玩收藏，通身古色包浆。外配红木天地盖，盖面上有王萃仁所撰铭文：“王氏传家之砚。时在丙子(1876)秋九月，志静仁兄大人属，绿天居士”，并钤“仁”字印款。

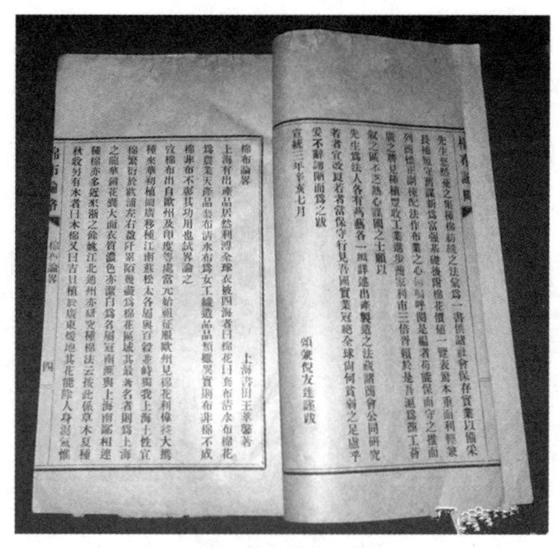

《棉布论略》

六弟王萃馨，字子良，长期跟随兄长四处闯荡，文才出众。光绪二十年(1894)，专为上海豫园“三穗堂”撰写堂联：“秋水藕花潭蟾窟流辉楼台倒影涵金粟，晓风杨柳岸莺梭织翠村巷随声纬木棉。”此联工整老道，由书画名家殷宝龢书，至今被悬挂在“三穗堂”内圆柱上。宣统三年(1911)五月，蒲淞镇董事会成立，他出任名誉董事。他虽未专心继承祖传布业，却对上海棉布业颇有研究，著有《棉布论略》(宣统三年线装铅印)。

枝繁叶茂

步入清末，王氏家族仍按祖传二十个字的字辈承续，枝繁叶茂，人丁兴旺。于是，在蒲汇塘南滩又建了一座新祠堂，取名“永宝堂”。新祠堂规模不及塘北的老祠堂，两堂于蒲汇塘两岸遥相呼应，场面壮观。沿塘北官路有两座牌楼和一座贞节牌坊巍然而立，显示了王氏家族的特殊身价。同时，在“谦益堂”西北兴建了一座“关帝庙”，每年秋后农闲时族人择日相聚，抬关帝神像巡游，祈祷保佑。

遵循“富不丢书”的祖训，新桥王家在自家宅院内建有“王氏家塾”。光绪三十三年(1907)，王萃馨将其改建为“新桥小学堂”。

清末民初时，王萃龢长子王丰玉为家族代表人物。光绪三十一年(1905)，王丰玉与顾镜清、蒋家凤在安国寺内创办安国小学堂。民国元年

(1912)7 月,当选蒲淞市议事会议员。8 月,由蒲淞市推选为上海县议事会议员。他有一个孙子最为出众,即王师龙,1914 年生于徐泾乡泗安桥。抗战全面爆发后,他带领好友组建抗日自卫队。1938 年夏,担任淞沪三支队第三大队大队长,兼任青东根据地第八区区长。1940 年 4 月,因奸人告密,遭敌寇伏击,不幸被俘。6 月牺牲,时年仅 27 岁。被青浦县追认为革命烈士。

1938 年王师存赴延安参加革命

王丰钟,1913 年蒲淞市议事会改选时,当选议员。

王丰翰,字骏生,号锦帆,王萃元之三子。经营祖传布业,曾供职常州府,担任江阴学政。有孙子王端民(后过继莘庄沈家改名沈祖良)、王辅民(后改名王师存,1938 年赴延安参加革命,1979 年任北京协和医院党委书记)等。

1951 年实施“土地改革”时,根据政策,有 18 户王氏家族被划定为“地主”成分。

目前,新桥王氏家族子孙遍布全国各地。

王氏家族所居住的新桥宅宅基,今已改建成“万源新城”社区。

顾家弄顾氏家族

顾氏家族由来

近代,居住在蒲汇塘北滩顾家弄的顾氏家族人才辈出,享有“文秀才,武举人,顾家门口勿塌台”之誉。顾氏家族庞大,祖产丰厚,人称“顾半镇”,成为虹桥地区最显赫的望族。

相传,顾氏家族的祖籍在湖南省武陵地区。明洪武年初,武陵顾姓两兄弟(其中一人为官)奉命驾船押运木材,北上送到应天府(今南京)去。谁料,途中遭遇洪水,寸步难行,眼看耽误日期难免会遭问罪,无奈之下,匆匆弃船而避走他乡,最终隐匿到上海浦东地区。

清嘉庆年间,顾盛华率全家从浦东迁居到虹桥地区。不久,长子顾羽丰(字在川)在虹桥集镇上择业谋生,立稳脚跟之后在这里正式建宅定居。

清道光二十年(1840),上海即将正式开埠。顾羽丰的第二子顾晋环顺势在虹桥集镇上开设糟坊,因经营得法,生意日盛。

顾氏家族随之发迹,日益兴旺。

清代晚期创建家业

顾氏家族延续到“孝”字辈子弟,大多无心靠苦读走通仕途,只热衷开店经商,扩展家业。

清光绪三十四年(1908)前后,顾佩生继承祖业,率子女同时经营糟坊、饭馆、百货店、棺材铺以及石灰砖瓦行。顾孝仁(字松如)继承父业,执掌福记商号,堪称集镇商界“龙头”。顾孝行(字柏如)在北街西南首开设义昌商号,又称“义昌福”,主营米业,兼营京广百货。后又在新街弄租借王氏十多间平房办轧花行,有轧花机数十部,雇工轧花和运输。顾孝贤(字桐如,人称“桐老板”)在西湾浪私宅三开间楼底开办元隆商号,又称“元隆福”。顾孝继(字蔼如)开设染坊。

这些顾氏商号诚信经营,支撑着虹桥集镇半个商界,因此赢得乡人好评。

个性豪爽的顾孝清(1875—1936,字润桂),自幼崇尚武艺,备有两把大刀,挥舞自如,喜欢特立独行,时有惊人之举。光绪二十三年(1897),考中松江府学丁酉科武举人之后,更加豪情勃发,独力兴建五开间四埭三庭心绞圈房,占地约 5 000 平方米,竟然将 3 米多高的围墙涂成黑色,令人惊奇,人称其宅院为“黑墙头”。

同一时期,顾孝行、顾孝贤兄弟俩在集镇南街西首购地约 1 300 平方米,建造三进绞圈房宅院,有屋 20 多间,取名“润德堂”。外墙围有编竹篱笆。宅院东首有小河,东南角栽有一株银杏。

顾氏家族墓群在今吴中路 918 号处。族人珍惜祖传的《顾氏宗谱》,难忘祖辈恩德,正积极筹备建造宗族祠堂。

清末民初民望骤增

清末民初,社会转型,风云激荡。顾氏家族不少年轻子弟时常阅读时事书刊,抽空就会到上海城区去兜一转,密切关注着上海滩时局变化和民众呼

声，因此要比长辈思想开明，崇尚维新思潮，具有家国情怀，立志在虹桥地区有所作为。

顾羽丰的曾孙顾镜清（字肖岩），清末秀才，文质彬彬，竭力主张兴办新学堂。清光绪三十一年（1905），他和王丰玉等人一起创办了“安国小学堂”。第二年，他和李祝清一起创办“虹溪小学堂”。

光绪三十四年（1908），武举人顾孝清和小学堂校长顾镜清联手筹资，重建了虹桥集镇蒲汇塘市桥。此番壮举，意义非凡，乡人齐声赞扬，顾氏民望随之骤增。

宣统三年（1911）5 月，虹桥与新泾、诸翟、江桥四镇合并为蒲淞镇。蒲淞镇董事会成立，顾孝康（1867—1928，又名视清，字少岩）出任总董，为虹桥人争得了脸面。

民国之初，顾镜清、顾孝继、顾孝康、顾佩生等堂兄弟合力在蒲汇塘北岸建造新宅院，取名“明远堂”。顾氏新宅院五开间三埭，外观保持绞圈房子传统习惯，内部与众不同，大胆应用新兴建筑材料和建造工艺，尝试混凝土砖木结构，水泥磨石子地面。将第二埭和第三埭正房建成了二层楼房，且楼上环绕天井设有回形走道，各室可相通，人称“走马楼”。这种新式样既保留绞圈而建、左右对称的传统格局，又吸收上海城区里弄石库门房子以细部体现洋派的优点，乡人争相仿效。

民国元年（1912）七月，蒲淞镇改名为蒲淞市。蒲淞市议事会几经周折，总算宣告成立，实行地方自治，本地顾孝清如愿当选为议员。1913 年 1 月，蒲淞市董事会成立，顾镜清出任总董（2 月当选议员而辞职，九月又复职）。

1913 年 2 月，顾镜清当选江苏省议会议员，5 月 19 日赴南京参加江苏省第一届议会第一次临时会，11 月 4 日参加第二次临时会。时有北洋军阀袁世凯公然复辟帝制，一夜之间就将江苏议员们的身份都撤销了。顾镜清闻讯义愤满腔，奔走呼号，却又无奈北洋政府腐败恶行。

1915 年，顾镜清再次当选江苏省议员，为答谢乡民，在镇上每人送一碗大排面。3 月 20 日，顾镜清与黄申锡、顾文濬、沈朱轼等江苏议员致电陆征祥、曹汝霖，反对政府签订卖国“二十一条”，赢得民众广泛好评。10 月 1 日，江苏省议会复会,顾镜清出席。此后,他曾担任太仓市禁烟局局长近十年。顾镜清虽未实现自己的理想,但其所作所为被家族后人视为人生楷模。

1919 年 2 月,顾孝康出任蒲淞市董事会副经董。1923 年,改任名誉董事。

抗战前后走向衰落

时局持续动荡,顾氏家族人心不安,噩运接踵而来。

1937 年 10 月间,侵华日军飞机几番前来空袭投弹,顾氏“黑墙头”和“明远堂”宅院大部分房屋被炸毁,祖传的《顾氏宗谱》不知去向。

更令人遗憾的是,顾氏家族出了几个败类:顾济祥,抗日战争时期出任本地伪维持会会长,甘愿为日伪政府卖命。抗战胜利后,他摇身一变又成为虹桥镇镇长。顾品余(1919—1951),1941 年参加忠义救国军。1945 年任松江自卫团中队长,跟随殷舟天担任“忠义救国军淞沪行动总队”副中队长。抗战胜利后,转业担任七宝交警队队长,勾结流氓,自称“大阿哥”。上海解放前后,武装对抗人民政权。1951 年,顾济祥、顾品余终被人民政府依法镇压。顾品余胞弟顾妙余长期随兄作恶,因主动自首,被判处无期徒刑。

顾氏家族世代相传,开枝散叶,人丁兴旺。由于时局变幻莫测,故土日显衰败,不少子弟一旦学业有成,就离乡外出谋求前程。至 20 世纪 90 年代,虹桥集镇大动迁时,涉及顾氏家族后裔仍有 39 户。

2017 年,顾氏家族后裔新编《顾氏宗谱》问世,为后人留下了一份珍贵的历史档案。

地方自治开新篇

乡贤辈出

地方自治是近代中国新兴资产阶级用来反对封建专制、反对中央集权，争取参与政权的一种政治主张。上海是最早开展地方自治的地区，清光绪三十一年(1905)10月，“上海城厢内外总工程局”成立，这是由地方新式绅商人士自发倡办，并经地方官府认可的社会政治活动。地方自治以地方之人，用地方之力，办地方之事，谋地方之利。这符合晚清宣传的国积民而成、民为国之主、国由民治理的民主理念。

宣统元年(1909)1月，清廷如期颁布《城镇乡地方自治章程》及选举章程，在全国范围普遍实行乡镇自治。《城镇乡地方自治章程》规定：凡府厅州县官府所在地为城，其余市镇村屯集等地人口满五万以上者为镇，不满五万者为乡。城、镇、乡均为地方自治体。乡设立议事会和自治公所，实行议事与行政分列。乡议事会由选民选举产生，地方自治执行机构只设乡董和乡佐，自治事项有学务、卫生、道路工程、农工商务、慈善事业、公共营业等。

宣统三年(1911)5月，地处吴淞江之南至蒲汇塘两岸的虹桥、新泾、诸翟、江桥四个镇，合并为蒲淞镇，行政中心放在北新泾。据当时户口统计，虹桥全乡时有2 606户人家，另有附户1 200户，男性8 862人，女性8 148人。

蒲淞镇董事会成立,顾视清出任总董,王萃馨出任名誉董事。

民国元年(1912)4月,江苏省颁布暂行市乡制,上海县划分为四市十五乡。7月,蒲淞镇改名为蒲淞市。蒲淞市议事会宣告成立,顾孝清、王丰玉当选为议员。8月,上海县议事会成立,王丰玉由蒲淞市议事会推选为县议事会议员。

1913年1月,蒲淞市董事会成立,顾镜清出任总董。2月,顾镜清当选江苏省议会议员。5月19日,赴南京参加江苏省第一届议会第一次临时会。蒲淞市议事会改选时,王丰钟当选议员。

1914年3月,蒲淞市议事会又改选,王萃昌当选议员。

1919年2月,顾视清出任蒲淞市副经董。

义办学堂

跨入20世纪,兴办新式学堂的时代潮流在上海兴起。王丰玉、顾镜清等有识之士将“兴学”列为议题,跃跃欲试。

清光绪三十一年(1905)九月二日,清政府正式下诏,宣布废止科举制度,提倡兴办新式学堂。

而此时,虹桥集镇上的王丰玉、顾镜清、蒋家凤等早已闻风而动,联手在安国寺内成功创办了一所“安国小学堂”(张家宅小学前身,1914年称“代用安国初级小学堂”)。“新学”从此在蒲汇塘两岸广泛传播。

光绪三十二年(1906)正月,顾镜清、李祝清等在顾家弄4号暂时租屋,创办“虹溪小学堂”(虹桥中心小学前身)。宣统元年(1909),购地约1 600平方米,建造九间平房后,小学堂迁入新校舍。

光绪三十三年(1907),上海地区统一改团练局为学区,设立劝学所,推进地方办学。蒲淞市被列为上海县第二学区。

同年,王萃馨闻讯即将建在自家宅院内的“王氏家塾”改称为“新桥小学堂”。

宣统元年(1909)正月,蒋永深在蒋家塘(今属梅陇镇)租屋创办“虹南小

学堂”，有房五间。民国5年（1916年），改称“代用虹南初级小学堂”。

民国元年（1912）7月，蒲淞市议事会成立后，时常将“劝学”和“学务”列为重要议题。从此，蒲淞市九所市立学堂、六所私立新学堂都有了“公家”的支持，地方教育事业的发展得到有力推进。

1922年，“虹溪小学堂”添建校舍三间，改称“蒲淞市立第二初级小学校”。乡绅褚耕陶、丁安民、沈云圃集资，在小闸集镇“东蓬场庙”西厅内创立“法华乡立第四初级小学校”，聘沈伯乐执教，时有学生三十多人。

1924年，“新桥小学堂”在井亭头附近购地建造五间平房，作新校舍，改称“蒲淞市立第五初级小学校”，时有学生一百多名。

移风易俗

民国元年（1912），南京临时政府一成立，即改公历为新年。一首民谣到处传唱，势不可挡：“新礼服兴，翎顶补服灭；剪发兴，辫子灭；爱国帽兴，瓜皮帽灭；天足兴，纤足灭；阳历兴，阴历灭；鞠躬礼兴，跪拜礼灭。”剪发、易服、放脚等一系列的社会变革，正渗入虹桥乡人的生活。

步入民国，地方自治步步深入，乡贤们热情推动社会转型，促使乡间兴起一阵时代新风。

虹桥集镇居民率先移风易俗，穿衣打扮讲“文明”，行为举止学习上海城里人模样。中山装成为男性公职人员的制服。年轻男子风行留短发，梳分头。不少妇女也剪成短发，有的还上生发油或刨花水，更有望族闺秀学着烫发赶时髦。老年男子都剃平头、圆头、光头，连乡野僻地也没人再留存脑后的辫子了。

1922年刊印的《法华乡志》记载：“光绪中叶以后，开拓市场，机厂林立，丁男妇女赴厂做工。男工另有种花园、筑马路、做小工、推小车。女工另有做花边、结发网、粘纸锭、帮忙工。生计日多，而专事耕织者日见其少矣。”靠近法华镇的虹桥地区自然情况相似。

世道变了，乡风也在持续变化。按本地习俗，男子到十八岁，长辈要为其取个“大号”。“东枝杨圈”的沈一得闯荡上海滩，增长了见识，回家组织沈家和“西枝杨圈”丁家族人共同制订新的乡规，相约用“建、立、中、华、民、国”作为新的字辈，给本家子弟称“大号”。这时尚举动惊艳各村，年轻人拍手称快。

步入民国，新村顾氏家族“彝”“兆”字辈子弟已相继长大，纷纷立志争做时代新人。顾镜清的独子顾铭彝（字仲勋）出类拔萃，一举考进上海震旦大学，成为当地第一个本科大学生。

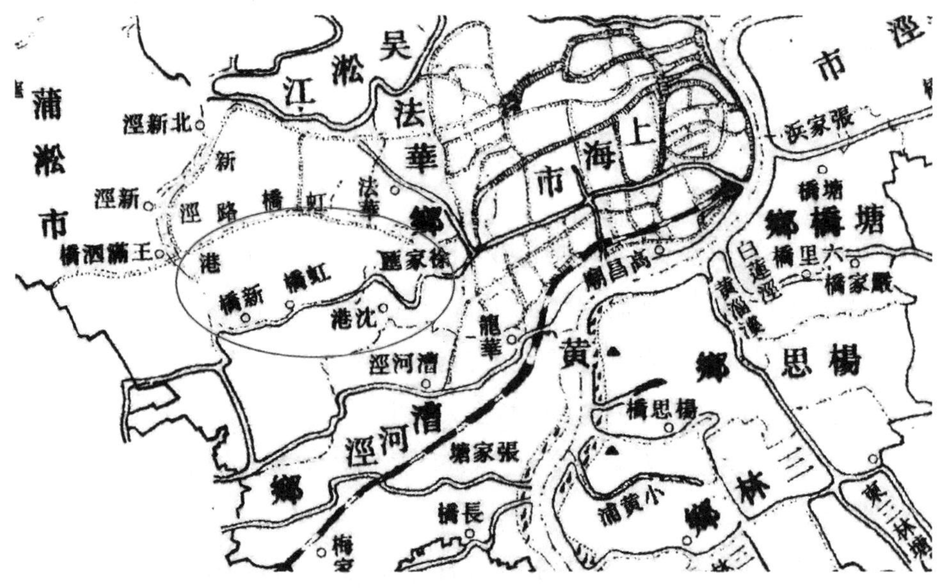

1915 年上海县地图局部

虹桥机场抗战事件

1921 年 1 月，北洋政府鉴于京沪两地“绾毂南北”，决定兴资筹建京沪航空线。在勘察之后，选址于上海县和青浦县交界处，圈划民田 17.8 万平方米，其中 16 万平方米属上海县。后因经费不足，仅建成一条土质飞机跑道。当年 6 月 29 日，虹桥机场辟建工程基本竣工，但是设施简陋，京沪两地终未能正式通航，等到八年后才迎来了首航。1932 年“一・二八”事变爆发后，国人为抗战捐献的五架飞机命名仪式在虹桥机场举行。1932 年 2 月 22 日，美

1921 年的虹桥机场

国飞行员萧德从虹桥机场起飞后，遭遇六架日机，英勇奋战，击落日军长机，但自己也被击中，壮烈牺牲。1934 年 4 月，机场再次征田 60 万平方米，进行扩建。

1937 年 8 月 9 日那一天

1937 年 7 月 7 日“卢沟桥事变”爆发后，上海局势随之紧张。日本为达到迫使南京国民政府屈服的终极目的，增兵淞沪。

为了防备日军从上海发动进攻，中国守军加强了淞沪一带的武装力量。8 月初，中国正规军一部化装成保安队员，秘密进驻虹桥飞机场。

1937 年 8 月虹桥机场事件现场，车旁躺着被击毙的日兵

日本海军陆战队发现了这一行动，派员侦察。8 月 9 日下午五时许，日本驻上海丰田纱厂海军陆战队中尉大山勇夫率一等水兵斋藤要藏，驾军车沿虹桥路由东向西疾驶，直冲虹桥飞机场大门，进行挑衅。机场守兵喝令停车无效，遂开枪击车。日军车急速右转弯驶入碑坊路（当时在机场东侧，现为机场内一便道），在离机场大门北百余米处被击中，大山勇夫当场中弹毙命于车内，斋藤要藏弃车而逃，也被当场击毙。

机场守备部队发现日方没有后继兵力，赶忙打电话报告警备司令部。警备司令杨虎草率行事，下令布置假现场。当警备司令部与日本军方共同派人到虹桥机场验看时，又发生提交法警检验之争。

8 月 11 日，南京政府听闻日军第二舰队来沪，加上谈判无果，为防患于未然，保卫淞沪重地，争取国际干预，策应华北战场，争取战争主动权，决心保卫上海，主动开辟华东抗日第二战场。

8 月 13 日，中日双方前哨部队抢占有利地形时在八字桥遭遇，易谨营长向日军射出了第一枪。次日，淞沪大战正式爆发，中国进入全面抗战时期。

抗日游击战

1938 年至 1939 年,抗日游击队始终活跃在虹桥飞机场周边地区,同日伪军展开激战,当时的上海报纸刊发了不少相关报道。

1938 年 2 月 26 日《文汇报》记载：近两日来,居住在沪西虹桥区一带外侨,常闻得极清晰之来福枪声。前晚一时后,忽又闻得重炮声数响。中外居民多从睡梦中惊醒。据昨晨甫由虹桥来沪之某君称,连日以来,附近一带人民多纷纷向租界方面迁移,前深夜一时起,迄今晨离开虹桥止,枪炮声不息。

1938 年 9 月 18 日《文汇报》记载：上月底,日军方川联队抽调赴长江前线增援后,所有沪西一带均为华游击队占据,民众复得自由,市面恢复常态。旋即,日军调少许军队来沪填防,其防线仅限沿中山路至石晖港而已。现据昨晚由沪西到沪之华人方面消息,昨日虹桥飞机场复为游击队占领,并在沿着青沪公路之机场大门之旗杆上,又有中国国旗随风飘扬。新龙华、漕河泾、虹桥、北新泾附近,均有游击队之踪迹。该项游击队均为忠义救国军直辖某大队,携有新式步枪及大批轻机关枪。

1938 年 9 月 20 日《文汇报》记载:"九一八"纪念日,沪西虹桥、中山路一带,游击队曾与日军发生激战。是日上午一时许,有游击队百余人,先以步枪向虹桥飞机场日驻军密集遥射。日军当即调动大批人马,出面迎战。至中山路后,游击队因早有埋伏,乃左右夹击,机枪骤鸣。日军惊惶失措,立布散兵实施还击。终以时值深夜,日军未悉游击队确数,不敢恋战,终至败退。等到天明后,始发现日军遗尸二三十名之多。唯游击队方面,仅损失一二战斗员而已。

1939 年 1 月 3 日《申报》记载：沪西虹桥路飞机场一带,游击队近来异常活跃。1 日上午,由姚大队长督率游击队三十余名,至诸翟镇巡查。路经华漕镇时,突遇驻镇日兵,即被游击队截击。一时枪声大作,弹如雨下。乡民惊慌万状,纷纷躲避。历二时许,日兵不支溃退,击毙日兵两名,获三八式步枪三支。闻游击队亦有数名人员受伤。

1939 年 1 月 17 日《文汇报》记载：沪西虹桥区一带，前由华方游击队第五纵队王金山部董芹生之特务队，引男女队员先将军工路日方粮仓、房屋三十间焚去。前日王金山、董芹生等率队又袭攻虹桥路飞机场，投掷手榴弹，破坏工事。并悉曾与守军互斗一时而退。

前夜虹橋飛機場
華軍猛攻日軍
激戰在一小時以上

英文大美晚報云、昨(十八日)夜日軍在虹橋路旁、突與大隊游擊隊遭遇、在飛機場東半哩處、開始交綏、雙方均用機關槍作戰、歷一小時以上、而在飛機場本身範圍、厥後被日軍發現未備通行證之華人、均被扣訊、今尚未聞傷亡之報告、居住虹橋路兩旁外僑房屋中者、昨夜聞槍聲後、未敢出屋、今晨所見在田間耕植之農民、寥寥無幾、據若干人聲稱、游擊隊活躍於虹橋區者、已歷數月、致日軍不得不常施搜索、約一週前、日軍亦曾在同區中搜索、並偶而在墓塚中發現戰時所建造之地下堡壘云、昨夜日軍二十名循虹橋路西進、在飛機場東半哩之嚴家橋與游擊隊遭遇、開始作戰、大部份游擊隊先行退去、猶有小部份在路南外僑列台爾夫人與霍金斯等之寓所後作殿後戰、虹橋飛機場亦有更多之游擊隊與日軍交綏、自午後八時三十分起、機關槍步槍與手槍聲不絕於耳、歷一小時以上、游擊隊始於黑暗中引退、

日軍敗退新場

1939 年 4 月 20 日的虹桥机场战事新闻

据英文《大美晚报》记载：4 月 18 日夜，日伪军在虹桥路旁，突与大队游击队遭遇，在飞机场东半里处，开始交战。双方均用机关枪作战，历一小时以上。而在飞机场，被日军发现未备通行证之华人，均被扣审问，今尚未闻伤亡之报告。居住虹桥路两旁外侨房屋中者，昨夜闻枪声后，未敢出屋。今晨，所见在田间耕植之农民，寥寥无几。据若干人声称，游击队活跃于虹桥区者，已历数月，致日军不得不常施搜索，并偶尔在墓冢中发现战时所建造之地下堡垒。19 日夜，二十名日军沿虹桥路西进，在飞机场东半里之严家桥与游击队遭遇，发生交战。大部分游击队先行退去，犹有小部分在路南外侨列台尔夫人与霍金斯等之寓所后做殿后战。虹桥飞机场亦有更多之游击队与日军交战。自八时三十分起，机关枪、步枪与手枪声不绝于耳，历一小时以上，游击队始于黑暗中引退。

新四军夜袭虹桥机场

1939 年 7 月上旬，淞沪游击纵队第三支队第一大队第三中队配合新四军“江南抗日义勇军”廖政国团，以奔袭方式挺进七宝地区，反击忠义救国军姚友莲部。

7 月 18 日晚上，部队全体轻装，以急行军越过青沪公路，绕过虹桥机场向东搜索前进。第三中队指导员朱敏中带队为前导，参加了这次突袭。部队挺进到程家桥附近，却没有发现姚部行踪。从原路绕过虹桥机场的南面，向北越过青沪公路返回。部队经过虹桥飞机场西面时，看见机场的跑道上停有飞机。廖政国命令战士们悄悄摸进机场。突然，日军警卫鸣枪报警。双方展开激战。廖政国不想恋战，下令："烧飞机！"战士们迅速砸开汽油桶，把汽油泼到飞机上。虹桥机场浓烟滚滚，而碉堡里的日军不明虚实，不敢出动。很快，四架飞机被烧成灰烬。

第二天，上海租界出版发行的《华美夜报》《大美晚报》，均用特大字体刊载了《国军万余人夜袭虹桥机场》的消息，将这场战斗描写得像天兵天将下凡一般。

日机轰炸

1937年“八一三事变”至10月20日，虹桥集镇连续两次遭受日军飞机轰炸，损失惨重，上海《申报》连续两天予以报道。

1937年10月19日《申报》报道：10月18日上午十时，日军飞机三架于虹桥集镇上空盘旋一周后，投掷重磅砸弹七枚，蒲汇塘两岸倒下尸体七八具，船只被击沉五六艘，一船内有五人被炸死，一装载小猪仔的船内死亡猪仔四十余头。蒲汇塘北首，西至东商铺悉数炸毁。桥南约毁房十余间，镇上乡民伤亡无数。记者前往调查时，街上散落着各种货物，路旁的死伤人员浑身血污。

当日《申报》临时增刊第一版报道：日军飞机五架，今晨四时飞虹桥镇轰炸，投弹四枚，虹桥镇桥梁被毁，并烧毁桥南民房数间。

10月20日，《申报》临时增刊第一版报道：日军飞机三架于今晨五时许，飞临虹桥镇小菜场上空，适时蔬菜上市，乡民聚集甚众，以作买卖，突遭日军飞机滥施轰炸，投掷重弹六枚，各乡民因连日遭日军轰炸，早已预防避弹，故死伤十余人。

日军飞机轰炸南街时，以乡民沈经才新建的一幢三层楼房为重点轰炸

目标，因炸弹炸偏，误落乡民丁关云房屋，烧毁房屋三十多间，多人伤亡。事后沈经才拆除上一层，以防日军飞机再炸。同日，蒲汇塘北滩的顾孝清宅院亦被炸，四进三庭心绞圈房残存东西厢房和北房。顾镜清四兄弟的走马楼、元隆商号及轧花行、义昌商号及轧花行、潘成记木行等均被炸毁。

11 月 19 日，日军占领虹桥。虹桥集镇先后被烧毁房屋累计三百余间，伤亡数百人。集镇满目疮痍，乡民流离失所。

1938 年 2 月 25 日，伪上海市大道政府合并法华、蒲淞、漕河泾三区设置沪西区，并列为特区。

1938 年 4 月 30 日《文汇报》记载，昨日清晨七时二十五分，有中国飞机三架飞临上海，在沪西曹家渡浜北及中山路、虹桥路一带上空侦察，盘旋约二十分钟，始疾行飞去。同时，即有日机二十余架，从沪东方面先后起飞，分作数队，在天空中竭力搜索中国空军之行踪，并恐华机再来袭击，故翱翔上空，直至夕阳西下。

1937 年 11 月 9 日日军进犯虹桥路

虹桥路上游击战

1938年7月2日《文汇报》记载：据徐家汇之居民谈，约在距虹桥四五英里，当系泗泾、青浦及松江米市渡一带游击队，袭击驻防浦北之日军所致，故虹桥区域已于前日起提早戒严。足征沪市四郊游击队活跃渐趋积极。

1938年8月22日《文汇报》记载：昨晨一时许，华方游击队向沪西虹桥路程家桥一带进袭，驻该处日军兵力异常单薄，仓皇以机枪乱射。当时密集之机关枪声及手榴弹爆炸声并作，历一小时始止。昨日上午一时半许，沪西虹桥罗别根路突有游击队出现，袭击驻守日军。

1938年8月23日《文汇报》记载：22日英文《大美晚报》载，据传虹桥飞机场之西、近青浦公路，今晨四至五时，游击队与日人作战甚烈，有密集之步枪及机关枪声。及至日中，枪炮声更加逼近，飞机场西区住户均能清晰听到。有某西洋人，且见有日人尸体两具及日伤兵两人以卡车运走。西区今晨布满日兵，约近四百人，纷纷从事于布置铁丝网。由西部逃来的农民，均说公路、桥梁数座已为游击队焚毁。江苏北部游击队，现方由顾祝同之部下李明扬统率，其构成分子为以前之保安队及正规军与壮丁，均曾受过严格之军事训练。

另据8月22日《字林西报》载：昨晨虹桥区之日驻军突遭华军游击队之奇袭后，日军昨日在陈家桥一带搜查极严。据悉，昨日进袭日军之华军游击队具有机关枪及来福枪之武备，曾击溃陈家桥之日军。日军被击后，即离据点而逃，随后与援军赶来反攻时，华军已经他去。昨晨第一次之交战，仅半小时余，但在虹桥区内战事进行，迄天明方止。

1938年8月31日《文汇报》记载：据昨日《字林西报》载，昨日下午沪西虹桥区一带，游击队又行活动。此次活动并不限于要袭巡逻日军，而系近袭虹桥路哥尔夫球场，焚烧桥梁。据一目击之印捕称，游击队人数不少，在近桥处河滨出现，各持干草、火油，洒于桥上。至五时左右，桥梁起火，游击队随即避去。

1939年7月24日英文《大陆报》以《游击队与日本人在沪郊交锋》为题报道称：昨晚准备入睡时，上海西部地区的居民听到嗒拉拉的机关枪声、手榴弹的爆炸声和迫击炮的隆隆声。此次中国游击队和日本士兵的冲突规模是过去三四个月以来最大的一次。战斗于晚上七点半在虹桥和龙华一带打响，持续到今天凌晨一点半。机关枪和迫击炮的战斗一直在持续，表明日本并不是在参与演习。日本在他们的迫击炮中使用了照明弹，以此来确定游击小分队的位置，然后用重机枪来攻击他们，偶尔也能听到手榴弹的爆炸声。根据中国方面昨晚传来的报道，新四军一支人数多达三千人的分遣队已到达上海郊区的战斗位置。据说这支分遣队来自苏州地区。他们一直致力于切断日军的交通线。报告显示，随着中国方面军队的到来，日本在上海的兵力也在加强，并立即频繁攻击外国人居住区以西的乡村地区。新四军方面据说正在离虹桥机场不远处建立壕沟和防空洞。

Guerillas, Japanese Clash On Outskirts Of Shanghai

Residents of Shanghai's western district went to bed last night with the rat-tat-tat of machine-guns, the explosion of hand-grenades and the boom of trench mortars beating on their ear-drums. Chinese guerillas and Japanese soldiers were at it again but on a scale much larger than at any time in the past three or four months.

The fighting started in the Hungjao and Lunghwa zones about 7.30 p.m. and was still underway at 1.30 a.m. today. Both the machine-gun and trench mortar fire was constant, indicating that the Japanese were not just engaging in maneuvers. The Japanese were using star-shells in their mortars in an effort to locate guerilla bands and were following this action with heavy machine-gun fire. Occasionally, hand-grenade explosions could be heard.

Chinese reports circulated last night were to the effect that a large detachment of the new Fourth Route Army, numbering about 3,000 men, had arrived at their posts on the outskirts of Shanghai.

Crossing the river at Paimiaokou, the detachment was said to have come from the Soochow area where, it was stated, it had been active in interrupting Japanese communication lines.

With the arrival of the new Chinese unit, the report said, Japanese forces in Shanghai, reinforced by new arrivals, have been conducting frequent raids on Chinese villages immediately to the west of the foreign areas.

The Fourth Route Army unit was said to be entrenching itself not far from the Hungjao Airdrome and building dug-outs.

(Continued on Page 5, Col. 8)

(Continued on Page 6, Col. 1)

1939年7月24日英文《大陆报》报道

滬西虹橋區華游擊隊充實

至少千人並不擾及外僑

外僑且佽助游擊隊款項

—日軍不能控制該區已獲明證—

用以援助

游擊隊手

滬西區域

1939年7月28日《沪西虹桥区华游击队充实》

1939年7月28日《申报》转发《大陆报》的报道

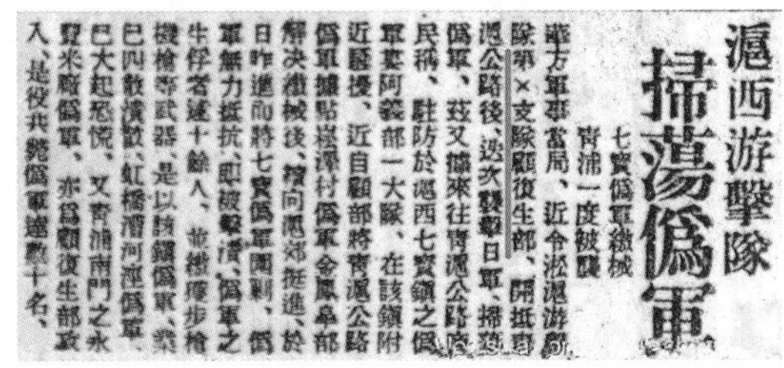

滬西游擊隊掃蕩僞軍

七寶僞軍繳械

青浦一度被襲

1939年12月18日《沪西游击队扫荡伪军》

称：沪西虹桥区华游击队充实，至少千人，并不扰及外侨，外侨且资助游击队款项。日军不能控制该区已获明证！

1939年12月18日报载《沪西游击队扫荡伪军》：顾复生领导的淞沪游击队在沪西持续取得胜利，驻虹桥伪军“已大起恐慌”。

日伪统治恶行录

1938年11月28日《文汇报》记载：前日上午十时许，有一轮船载有男女乡民六七人，避难来沪，路经虹桥，停泊河边。船上一乡民王某（二十四岁）上岸购买点心，因仓促间误取伊妻之“良民证”，至街上遇日军检查，在身上抄出法币四百余元，并索阅良民证则系女性的，被日兵指为游击队，将法币如数搜去，向王某连戳数刀。王某哀号呼救，惨不忍睹。船上人不敢前去营救，未几，气绝毙命，埋在卡子船后面丁姓竹园中。

1938年12月7日《文汇报》记载：沪西虹桥镇南首龙华潘角乡民潘菊田，现年二十四岁，务农为业，家道小康。本月三日夜半，忽来盗匪六七人，破门入内。潘全家均从梦中惊醒，被盗匪驱闭一室，禁止声张，翻箱倒箧，任意搜劫。临行复将事主潘菊田绑架而去。现闻匪方索价二千元取赎。

1939年1月25日《文汇报》记载：据虹桥区一带居民多人于今晨到沪称，租界西区以外地带，华方游击队开到后，沪西日军及日人、伪警等，时被击毙。昨晨七时，有便衣日人四人及伪警一名，各持枪械，乘轿车一辆，由东往西，行抵程家桥以东，离中山路不远之处，被游击队发觉，当场截获扣留。日人企图出枪抵抗，但立即为游击队包围，勒令缴械，捆绑而去。据传是项便衣日人，为日军之密探，该汽车则停于路旁，至今晨犹未驶去。

1939年2月3日《申报》记载：日伪军在虹桥路架设铁丝网，设立出入口，当地农民需凭通行证通过入口进入上海市区。出售蔬菜、柴薪、花卉，每证每月缴三元（法币），每担货物出入一次需一角钱。每天清晨人如潮涌。

1939 年 2 月 22 日《申报》记载：沪西北新泾、华漕、虹桥、漕河泾等乡镇，自国军西移后，均设立“自治会”，由一班无赖地棍主持会务，除献媚敌人、甘作奴隶外，专向商民勒逼捐税、填发通行证（每张三四元不等），横征暴敛，鱼肉乡民，为唯一之工作，甚至为虎作伥，狼狈为奸。上月间，伪“市长”傅筱庵将各处“自治会”改组为“镇公所”，各“镇长”由前原任“自治会会长”充任。沪西先划六区试办，计北新泾镇镇长王鳌、华漕镇镇长赵嘉猷、虹桥镇镇长胡汀、漕河泾镇镇长陈琳、曹家渡镇长管某、法华镇镇长陆和业已发声。农历元旦，各镇长粉墨登场，表演丑剧。

1939 年 3 月 29 日《文汇报》记载：昨日英文《大美晚报》云，今晨十一时十五分，虹桥路上近华伦路之处，有中国农民二人，为着华服之日人四名开枪射击，一人立即毙命，一人受伤逃逸仍被捕获，送往日军司令部，死尸也被带去。据目击者称，出事时便衣日人在虹桥路上施行搜查，中国农民二人行近搜查队时，发现非华人即返身而行，日人即开枪。

1939 年 4 月 7 日《文汇报》记载：伪“绥靖军”徐朴诚部，自嘉兴方面开抵沪西虹桥后，奸淫掳掠，日必数起，乡民因不堪伪军蹂躏，相率迁徙。不料该项伪军更变本加厉，于四日晚伙同大帮土匪，大肆洗劫。乡民不及逃避者，无一幸免。五日，游击队徐部闻讯，前往袭击，伪军不敢抵抗，弃械远扬，当地捕获为首之伪军三名，即于当晚正法。民众闻讯，鼓掌称快。

1939 年 4 月 9 日《文汇报》记载：4 月 8 日下午二时许，沪西虹桥镇忽到大队日伪兵百余人，携带小钢炮机关枪，全副武装，向镇上居民大肆搜查，并索阅良民证。一时形势严重，乡民纷纷逃避。有住居该镇河南开设杂货店之毛桂香等二十余人，因未带良民证，被指为游击队，用绳捆绑，解送梵王渡丰田纱厂日军司令部讯问。闻被捕诸人，生命颇危。

1939 年 4 月 14 日《申报》记载：近来沪西林肯路日军警备队，时有日兵化装成工人模样，到处捕人。昨日上午，日兵六七人化装后，在虹桥路麦克劳路附近，捕去农民田保根（住中新泾西袁更浪）、张小弟（住虹桥路南鲍家宅）、黄金荣（皮鞋秀堂之子，住拍球场西首徐家宅）、余和尚（住虹桥镇南余家油车）等四人，认为有游击队嫌疑，解送林肯路日军部讯问。因余和尚身上抄出一副手铐，遂绑至虹桥路铁路口被枪决。

亲历者回忆

关于侵华日军的暴行，有关部门在虹桥镇地区组织亲历者留下了口述资料。据统计，自 1937 年 11 月到年底，本地区惨遭日军杀害的有 60 人（其中 6 人死伤在镇外）。大量民房被烧，张宅一个自然村 12 户人家有 77 间房屋被烧。诸陈家宅被烧掉房屋 102 间，村民诸吴兴的父亲因此万念俱灰，罹患精神病后上吊自尽。

侵华日军冲到虹桥机场附近的历史场面

西郊村朱宝娣老人回忆：1939 年 4 月一天，她公公朱伯庆在路上遇到日军，日本兵从他身上搜到一枚银圆，企图占有。朱伯庆愤怒之下把银圆扔到河里，日本兵恼羞成怒，将朱伯庆枪杀。1940 年，朱宝娣丈夫朱林兴路经虹桥高尔夫球场（今上海动物园），捡到一个落在路边的高尔夫球，这一举动被日本兵发现，惨遭殴打，卧床一周后不治身亡。

虹二村张家宅姜志辉老人回忆：1937 年张家宅村民林强盛、林阿元避难逃进租界，听说家中房屋被日军烧毁，偷偷回家。刚出租界，即被日本兵抓走，杀死在虹桥路何家宅。

殷丹天沉浮在抗战风云中

乱世争出头

殷丹天(约1908—1945),虹桥镇张家宅人。1937年之前,在新江口西开设私人诊所,诊所以中、西医结合为特色,诊疗费视病人具体情况收取,穷苦人看病甚至分文不收。在浦西医界募集善款,修筑张虹路,甚有名望。

1937年抗日战争全面爆发,殷丹天即加入时任国民党"民族复兴社"特务处处长戴笠刚组建的"苏浙行动委员会别动队",参加了京(南京)沪铁路破袭战。

1938年初,地方自卫武装在青浦县七区、六区、八区和上海县郊区相继建立起来,大多具有"草莽英雄"色彩,因靠近上海城区,情况十分复杂,经常互相发生矛盾、冲突。

3月初,殷丹天受戴笠指派,带领"忠义救国军"直辖第二大队驻扎青浦县观音堂附近,经人介绍找到在青东地区颇具威望的顾复生(1900—1995,青浦县风溪人,1927年经陈云介绍加入共产党),提出共同举办一次"交朋友"活动。为了促进共同抗日,顾复生同意了殷丹天的方案。

3月中旬,在蟠龙镇东面的陈家祠堂,顾复生召集沪西近郊、青浦东乡所有头面人物前来"交朋友"。七宝地区杨国才,诸翟地区赵季昌、冯邦佐,徐

泾地区王师龙,重固地区余辉华,黄渡地区冯庸卿,青浦北门外的杨纪良等应邀出席。

数十名与会者济济一堂,不举行任何仪式,自由交谈,豪情奔放,气氛极为热烈。最活跃的是殷丹天,宣称“忠义救国军”是国军,粮饷都是由政府拨给的,不向地方上收捐派税,而自己是戴笠最亲信的门生。

在会上,赵季昌反对殷丹天只求为自己招兵买马,表示赞成顾复生的主张:团结一切可能团结的力量共同抗战,抗战必胜;破坏团结,各自分裂,抗战就不能取得胜利!

不久,殷丹天所部改编为“忠义救国军”第三支队第四大队,他担任三支队交际副官,暗中用电台与戴笠保持联系。

暗中使诡计

1941年,东路青昆游击支队由参谋长周达明率领来到淀山湖谢石关。殷丹天即将情报密报“忠义救国军”,以致青昆支队遭围袭,八十多名指战员不幸牺牲。殷丹天被支队领导人顾复生缴枪后,只身逃到安徽广德“忠义救国军”基地。

1942年,殷丹天在广德担任“忠义救国军太湖行动总队”总队长。1943年春夏,接受中美合作所培训后,担任“忠义救国军淞沪行动总队”总队长,上校军衔。

1945年初,殷丹天奉戴笠命令,带领“忠义救国军淞沪行动总队”几十人以及装备电台、美式武器,重新窜回青东地区,企图夺取沪西地区控制权。他与嘉定顽军张龙云合伙,盘踞在青浦县北部白鹤港一带。

终无好下场

1945年3月,中共领导的淞沪支队主力由陈伟达、朱亚民率领,从浦东来到青东地区,途经蟠龙镇南面柿子园时,遭受殷丹天部突然袭击。支队长朱亚民遂迅速调集力量跟踪追击，一直追到青浦昆山交界处。

5月14日上午，淞沪支队侦察员捕获殷丹天部司务长，查明殷部驻扎在周泾村，张部驻扎在蔡家浜村。支队迅速调集所属“华山”“泰山”“崂山”“衡山”等部奔袭。“华山”部主攻张云龙部，“衡山”部队主攻殷丹天部，中午时分，发起攻击。殷丹天带了几个警卫人员和一挺机枪逃窜，在周泾港二村附近竹园边被埋伏在村边的游击队击毙。

抗战胜利后，国民政府隐瞒殷丹天的恶行。1946年，竟然追认其为“抗战蒙难烈士”，列为“抗战蒙难同志会”成员，在虹桥乡命名“丹天路”“丹天国民学校”，并竖立塑像及纪念碑。1951年，人民政府拨乱反正，改名“姚虹路”“姚虹路小学”，并拆除塑像，以正视听。

虹桥地区红色记忆

诸陈家宅"弟兄会"

虹二村诸家宅、陈家宅合称诸陈家宅,位于虹桥镇东部。

自清代晚期起,当地流行一种风俗,男子到了18岁,在原有名字之外,由本宅长辈为其取个"号",同族、同辈、同村者其"号"应有所关联,相当于兄弟。一旦有了"大号",标志该男子成为"大人",应当担当责任,团结互助,更加诚实做人。于是,本村"大号"者大多能立大志,抱成团,自称为"弟兄会"。

1938年八九月间,中共地下党员徐林铨受上级指派,从上海市区回到诸陈家宅。为了隐蔽和便于工作,他沿用本地"弟兄会"的名义,广泛团结年轻人,劝导其统一思想认识,敢于抵抗罪恶势力。经过他的努力,宅里的"弟兄会"一呼百应,就此转化为地下党的外围组织。

1941年,诸陈家宅悄悄建立了中共地下党小组,成员有徐林铨、诸东新等。

1944年7月6日,伪虹桥警察大队到诸陈家宅等村催交军警米,砸物打人,引起公愤。地下党员徐林铨等抓住时机,鼓动村民开展抗议斗争。次日晨,徐林铨、陈珠根、诸桃生、陈顺根等174名农民携带被砸坏的物品,用独轮车运载伤员,分三路赶到义安路伪上海特别市政府门口请愿,与伪市长陈公博辩理,围观者达千余人,以致交通堵塞。一个月后,当局被迫下文免征第四区军警米。

1945 年 1 月,地下党组织利用小杨家宅杨阿毛家地处“独家野村”,以创办“复华小学”为掩护,晚上开办农民夜校宣传抗日。

1946 年,诸金才在徐虹西路(今吴中路)北开设了“农兴茶馆”,实是地下党联络站。

1948 年夏,中共诸陈家宅党支部成立。至 1949 年,诸陈家宅有中共党员 14 人。

大办民众学校

1946 年冬季,龙华区中共地下党组织努力扩大农村阵地,安排专人大力创办民众学校,在乡村广泛开展谈时事、讲故事、教唱歌等革命文化活动,培养革命新生力量。

党组织安排当地积极分子周嘉基在蒲汇塘两岸的周沈巷、褚家湾、塘湾三个村宅(属虹桥乡长春村,1992 年 7 月划归徐汇区华泾镇)开办上海市立第九十六民众学校。

1947 年二三月间,中共龙华分区委成立后,区委书记陆康常即从上海城区调潘承良过来加强力量,他的公开身份为周沈巷九十六民校教师。不久,潘承良发展周守道、褚舟道加入共产党。他们齐心协力,将民众学校从周沈巷扩展到徐长桥、潘家木桥、高家浜、三官堂、渡船角、艾家宅和林家弄等十多个村宅。在此基础上,建立了中共周沈巷党支部。

1947 年秋季,上级党组织又将中共女党员施怀宁及其主持的上海市立第七十五民校从城区移到虹桥集镇上。

当时,本镇出身的七宝交警队队长顾品余,勾结流氓,横行乡里,自称“大阿哥”。施怀宁沉着应对,先在当地教师家中因陋就简地办起两个班级,随后在朱家木桥(今虹六村)、窑浪(今先锋村)等村宅开办了五个班级。当地乡民踊跃走进民众学校参加活动,一批积极分子脱颖而出。施怀宁重点培养当地女青年沈秀球,介绍她加入共产党。

不久,潘承良担任虹桥片中共地下党总支书记,施怀宁、周守道任总支委员。

“国乐联谊社”红色印记

周沈巷、诸家港一带离上海城区很近,村民以种植蔬菜为主,收入较多。清宣统二年(1910),为了让村里年轻子弟收住闲心,不走邪道,当地菜农各家出资白米五斗,统一购置乐器,组建了“同乐丝竹班”。青年人时常在一起拉拉二胡,弹弹琵琶,自娱自乐。1936年元宵节,“同乐丝竹班”携舞龙队参加漕河泾黄家花园灯会演出,深受欢迎。

1947年春,中共龙华分区区委书记陆康常派潘承良到周沈巷九十六民校当教师,开展宣传活动。为了吸引中青年进入民众学校接受文化教育,地下党组织依靠各村喜欢乐器的青年开展“交朋友”活动,并以“同乐丝竹班”国乐手为核心,在九十六民校内建立了“虹桥国乐联谊社”。于是,周边四乡国乐爱好者闻讯纷纷赶到周沈巷相聚,在国乐联谊社一起演奏丝竹,排练小戏,寻机会为村民们演出,使民校成为团结民众、开展革命宣传的活动基地。

由于拥有如此的“红色印记”,因此上海解放以来,虹桥地区的国乐活动倍受政府重视,当地的丝竹班社活动长盛不衰。

迎接解放军

1949年1月,中国人民解放军渡江在即,国民党军队为固守上海,在上海市郊修筑军事防线。为了立即清除障碍物,削平高冈地,国民党守军强征当地民工参加碉堡工程建设。

中共党组织及时串联正副保长,发动“为民请命”活动,采取“一避二磨三暗损”的斗争方式,抵抗敌军修筑碉堡计划。同时,选派人员为人民解放军的进攻担任向导。

诸陈家宅地下党组织编写了国民党守军及碉堡、武器布局，虹桥及周边地区国民党组织、义警等情况资料，将道路、桥梁、河浜、村庄等情况画了简图，及时交给上级组织，转交解放军。

驻扎在小闸镇的国民党军队一个连长在查看塘湾东侧大碉堡时，称附近村民房屋遮挡了机枪扫射视线，准备烧毁房屋。周沈巷的保长诸幼祥（实为中共地下党员）闻讯赶去与他们周旋，成功劝阻烧房恶行。

眼看人民解放军即将发动总攻击，西郊村朱家浪的国民党军队来不及完成修筑碉堡的任务，就将村里的大树全部砍下，做成了一个个假碉堡。

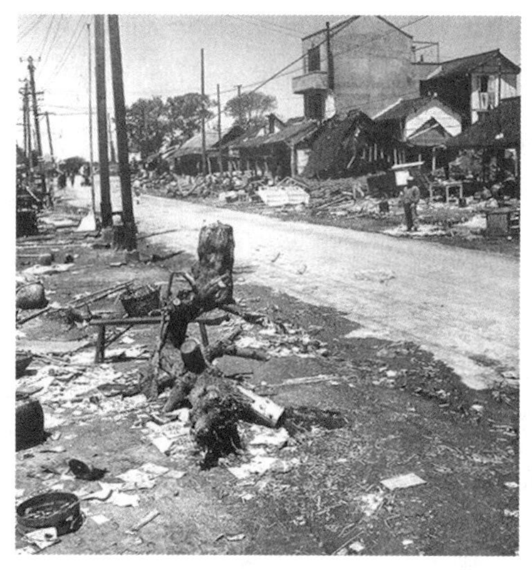

1949年5月，遭战火破坏的虹桥地区

5月15日，七宝镇宣告解放。

5月21日晚，解放军先头部队悄悄挺进，排摸敌情。在当地地下党员的帮助下，真假碉堡的情报均被解放军掌握。

5月21至23日，解放军连续向七号桥碉堡发起攻击，终于攻克守军防线，打开了上海城区的西大门。

随后，解放军和国民党守军在井亭地区发生激战。24日，井亭地区解放。有56名解放军战士在战斗中牺牲，部队为迅速东进，将他们就地埋葬，其中埋葬在西杨更村有12人、新泾口有23人、高家塘村南有21人，后均迁葬于上海龙华烈士陵园。

从"夯卖头"到"菜篮子工程"

地货行应运而生

上海开埠后，随着城市开拓和人口增加，城市蔬菜需求量随之逐年大幅提升，城区开始出现蔬菜地货行，江浙邻省客户从黄浦江下游运菜来沪贩卖，且生意兴隆。虹桥地区农民看透行情，凭借"近水楼台先得月"的地理优势，急忙调整田间植物品种，大量种植蔬菜供应城区居民。本地不少农家就此成为蔬菜生产专业户，并自行到徐家汇、静安寺、老西门、十六铺等地"马路菜场"设摊零售。同时，一些蔬菜地货牙行（俗称"菜贩子"）随之更加活跃，不断将本地蔬菜贩运到城区及租界加价出售。

民国元年（1912）前后，蒲汇塘北岸的鱼行老板丁树香、沈佰生在吃准本地蔬菜行情，并打通城区关系户之后，在塘南右村 57 号先后开办了"丁同香地货行"和"沈合茂地货行"。随着客户数量的拓展，除经营本地蔬菜外，还转销外地由蒲汇塘航船运来的客菜。于是，虹桥集镇上每天有城区菜贩赶到来选货订购，乡间菜农纷纷肩挑手提赶到两家私营蔬菜地货行出售。春秋季节是蔬菜收获旺季，每日会有近千个城区菜贩出没在虹桥集镇上。

1937 年，小闸集镇也开设了蔬菜地货行。

1935年以后,上海逐步建立集中经营蔬菜地货行的批发市场,组建地货商业同业公会。虹桥菜农进一步扩大蔬菜生产,两家地货行与批发市场对接,源源地运菜进城出售,重点供应的是周家桥"沪西批发市场"。本地特产的小闸南瓜、板叶荠菜、筒子萝卜、四月晚青菜、鳗鲡豇豆等自然成为城内批发市场抢手货。时有沈福根种植三四十亩番茄、辣椒、甘蓝、芫荽等,专做外国侨民生意。

虹桥地区菜农将收获蔬菜、上篮装筐、准备上市的过程称为"夯卖头",其间尤为重视鲜菜保鲜和装篮排面。因本地蔬菜比外地蔬菜更新鲜,上市出售自然能够畅销。

蔬菜地货行动足脑筋,除注重绿叶菜保鲜外,特地储藏芋艿、冬瓜、南瓜等耐藏蔬菜,待有好价再出货上市。还根据城区不同地段居民不同的消费习惯,派送不同的蔬菜品种,把生意做活。

计划管理"夯卖头"

上海解放后,人民政府将涉及居民日常生活的蔬菜供应纳入"民生要事",逐步实行计划管理。

1975年夏季程桥村蔬菜上市

当时,虹桥乡种菜农户一般有三四千平方米蔬菜田。1950年时,诸家湾全村有蔬菜田205亩,以种菜为主的农民有138人,平均每人种菜近1.5亩。本地所产蔬菜的销售出路问题越来越突出,而镇上私营的地货行只图盈利而时常损害菜农利益。

1951年2月,虹桥集

镇上的私营蔬菜地货行按政策规定宣布停业,32 名成员均由上海郊区供销合作总社蔬菜联合办事处吸收,同时在集镇右村 57 号原蔬菜地货行建立“虹桥蔬菜供销站”,成为郊区第一个由蔬菜供销站占主导地位的集散地。

1956 年 1 月,上海市蔬菜公司第四经营部虹桥中心站成立,蔬菜供应纳入计划管理。同时,菜农由单家单户生产销售,转为互助组形式。1953 年之后,互助组转为初级社和高级生产合作社。

虹桥地区自古是粮食、棉花、油菜夹种地区,1958 年建立人民公社以后,蔬菜成为主要经济作物。1958 年,上海市确定虹桥、新泾、梅陇等二十七个公社专业种植蔬菜,生产的蔬菜派运销员送到购销站出售。

自 1959 年起,上海蔬产生产实行“国家统购包销”政策。从此,虹桥菜农的“夯卖头”生活开启了新的历史篇章。

种菜想着吃菜人

“种菜想着吃菜人”,是虹桥菜农的传统作风,也是本地能持续产生名特蔬菜的关键因素。

本地蔬菜专业户宁可自己多费心力,也会根据“吃菜人”的各种口味,优选种植品种,并设法培育出新的品种。

小闸地区菜农所培育的“黄狼南瓜”,头小柄长,形似黄鼠狼,而肉质细糯,香甜味美,水分少,煮熟了像蛋黄,粮食短缺时可以充饥,发挥“饭”瓜的功能,因此清道光年间就已经驰名上海滩。

清咸丰年间,童家宅(今虹三村)菜农从野生荠菜中定向驯化选育成独有的“板叶芥菜”,叶大而肥厚,吃口更鲜美,尤宜和肉糜做点心馅,是上海城里人“自制馄饨”极喜欢用的食材。上市可比野生荠菜早半个月,在各菜场享有盛名,而童家宅独创的留种技术秘不外传,只有几户人家能够种植,以致因产量有限被视为稀有之物。1954 年,童家宅的姚朗亭(生于 1928 年)加入农业生产合作社之后,向社主任童银福公开其种植之法,留种、育种技术得以推广,上市量大增。

洋人吃惯洋蔬菜,于是本地农民着手试种。明弘治《上海县志》记载,时有豌豆、冬瓜、姜、蒜等44种蔬菜。至1936年,上海蔬菜已增至76种,其中有不少是引种的外国品种。据《上海农业科研志》记载:19世纪在上海市郊栽培的洋蔬菜有番茄、辣椒、洋葱、甘蓝、马铃薯、花椰菜、朝鲜蓟等。

蒲汇塘两岸种植最多的是马铃薯,俗称"洋芋艿",由徐光启和家人率先引种推广,成为本地出口的大宗农产品。

卷心菜,学名结球甘蓝,本地俗称"洋白菜",原产于欧洲地中海沿岸。清光绪年间,不少本地农家已种植。20世纪30年代,长春村培育的扁圆状甘蓝,外形叶球呈平头型,叶片对合包心紧,外叶暗绿色,叶面有白粉,人称"黑叶小平头",耐热抗寒,可周年生产。

花椰菜,本地俗称"花菜",为甘蓝的变种,原产于欧洲。1918年《上海县续志》称"光绪八年,甬人试种于浦东。三十年来,沿江浦一带种者日多,而以董家渡左近为著。独茎无枝,花淡黄色,花梗淡绿色。"但当时本地无法培育留种,只能向香港或上海英商福利公司购买种子。

本地农民引种和销售最广泛的是"洋葱头",这是鳞茎类的一种外国菜,叶似葱,高三、四尺,地下茎如水仙茎,佐肉食,味道颇佳,而当时国人却没人食用。

绿叶菜是上海人食不可缺的重点蔬菜。近百年来,虹桥菜农为适应上海人的口味,不断培育出青菜新品种。虹五村菜农选育而成的"矮萁青菜",叶片大,萁身矮,束腰紧,蔀头大,形似花瓶,肉质细糯,是最受市民欢迎的青菜品种。四季均可种植,以秋、冬播为主。虹桥村曹家宅菜农选育成功的"四月慢"青菜,株直束腰,叶面平滑,叶柄浅绿色,梗肥厚,耐寒,早熟,下籽30天后即可上市,成为当家品种。虹二村菜农培育的"中八叶塌菜",植株叶片塌地而生,色墨绿,叶面皱缩,质柔软,为冬季嘉蔬。还有"鳗鲤豇"豆荚充实,吃口香而细糯。红春村菜农培育的"小青冬瓜",瓜圆筒形,皮翠绿色,肉质细软,而且上市早,产量高。

1984年,上海县推出20个名特优蔬菜品种,其中10个来自虹桥公社:矮箕青菜、筒子萝卜、小闸南瓜、黑叶小平头甘蓝、上海条茄、小青冬瓜、四月慢青菜、中八叶塌菜、鳗鲤豇。

实施“菜篮子工程”

20世纪80年代初，虹桥公社承担着城区60万居民每天的蔬菜供应任务，因此宁可少办工业、副业，也要确保蔬菜生产有足够劳力。1981年6月，上海遭遇严重干旱，蔬菜生产困难重重。虹桥公社8 700多名务农社员每天奋战在菜田里，2 000多名务工社员也回队帮助种菜，确保每天有9 000担蔬菜上市量。6月1日到23日，虹桥公社上市蔬菜达18.5万多担，日上市量相当于川沙全县。上海报刊为此大加赞扬。

1986年11月21日下午，中共中央总书记胡耀邦来到虹桥乡政府。上海县领导向总书记汇报了地区经济工作情况。胡耀邦参观乡政府陈列室后，前往井亭村，走进塑料大棚，视察蔬菜生产五个系列试点的情况。随后，他信步走到社员家访问，与韩琴秀及家人围桌而坐，聊起了家常，还登上二楼阳台远眺四周绿色菜田。视察半小时后，才挥手告别。

1988年8月，上海市委、市政府召开区县局干部大会，宣布《关于建设郊区副食品生产基地，改革产销管理体制的决定》，破解市民“吃菜难”的烦恼。由此，上海“菜篮子工程”正式起步。

种植蔬菜的收入远比耕种粮油作物高，农民收入自然水涨船高，因此越种越红火。虹桥菜农不论严冬酷夏，天天忙于“夯卖头”，吃尽苦中苦，也享受到率先致富之乐。

虹桥乡由农业公司专职主管全乡1万多亩菜田，确保完成市里下达的蔬菜生产任务。针对居住在上海的外国人不断增多的情况，筹建了专门种植国外名特优蔬菜的园艺场，确保虹桥、华亭、希尔顿等30多家高级宾馆所需的“洋蔬菜”供应。1991年，还建成“蔬菜百亩管棚群保淡示范基地”，淡季时也能做到数量增加，品种多样。

自1990年起，虹桥乡拥有15个蔬菜种植村，100个生产队以种植蔬菜为主业，常年菜田面积达一万一千多市亩（近一万二千习惯亩），复种次数近三次，成为上海郊区重要的“菜篮子工程”基地之一，为上海城市保障供应和建设发展做出了重大贡献，被誉为上海城市居民最贴心的“菜篮子”。

蔬菜上市

蔬菜上市(摄于 1959 年)

挑灯夜战改造蔬菜地(摄于 1975 年 12 月)

井亭三队冬瓜生产实行联产计酬(摄于 1981 年 7 月 27 日)

第三章　艺苑乡音

1958 年上海人民沪剧团丁是娥一行在虹桥石家巷宅基演出

1963 年夏，虹桥公社社员们在田间劳动休息时掰手腕

集镇传统演艺

滩簧码头

沪剧源于“滩簧”，又称“花鼓戏”。清代晚期，“本地滩簧”流行于各集镇，其演出形式十分简单，就像“叫花子卖唱”。在场地上划个圈演唱，称“敲白地”。拉着胡琴沿街行走，一个小姑娘随之演唱，称“跑筒子”。逢庙会、节庆，登上寺庙戏台或在场角上搭台演唱，称“唱高台”。应邀进入大户人家助兴演唱，称“唱堂会”。“本地滩簧”在辛亥革命后发展为“申曲”，1940 年以后定名为沪剧。虹桥集镇乡人喜欢沪剧乡音，因此本地向有“滩簧码头”之称。

1938 年，“义仁宫”轧花行因战乱产品交易困难只得停业。闲得无聊，业主见房舍四周环有长廊，中间庭院开阔，在庭院内搭建大凉棚，排列好长凳，挂上几盏汽油灯，就可以弄成可售票公演滩簧戏的演出场所，让乡亲们来消解一些乱世的烦恼。业主打定主意，着手张罗，还特意邀请冯德生、冯爱琴夫妇戏班来唱开场戏。“义仁宫”首场公演票价实惠，观众笑得开心，反响极佳，顿时轰动了整个集镇。于是，又邀请了赵三宝、顾秀英、侯泉堂、侯玲宝、董国兴、严亚民、王天飞、杨步青等滩簧戏班先后前来演唱。当时，这里条件简陋，难以演出“申曲文明戏”，因此演唱的剧目多数为《顾鼎臣》《十美图》

《合同记》之类滩簧连台本传统戏，一出戏可连唱几夜，观众还可在正戏开幕之前点演《陆雅臣》《庵堂相会》等滩簧戏片段。至 1940 年，因战事频发，人心惶恐，演出亏本，只得停办。

20 世纪 40 年代末至 50 年代初，虹桥集镇乡民顾三民、顾金根、沈金龙、周纪高、丁柔宝、高爱娣、沈爱芳等发起组建“虹桥业余沪剧团”，邀请专业人员指导，先后排演了沪剧《九斤姑娘》《罗汉钱》《阿必大》《双推磨》等折子戏和《庵堂相会》《胡锦初借妻》等全本戏。利用夏晚和冬闲时机，多次在“黑墙头”宅院广场上和南街东侧大草棚内进行公开演出。

1958 年，上海人民沪剧团由团长丁是娥带队，组织邵滨生、筱爱琴、许国华等 20 多名演职人员到石家巷宅基与村民同吃同住同劳动，体验生活近一年。下半年，沪剧团在这里试排刚创作的沪剧《星星之火》，边排边改，村民们有幸看到了著名演员们一丝不苟的工作态度。人民沪剧团演员在虹桥还辅导本地沪剧爱好者排演《姐妹俩》《铁树开花》等剧目，在大场地上以汽油灯照明做正式演出，轰动全乡。

茶馆兴隆

江南集镇多茶馆，或傍街临河占个好市口，或街头巷尾辟个清雅处，供乡人消闲、聚会、谈生意，形成了一道独特的风景。本地镇上居民和上街农民大多喜爱“孵茶馆”，喝茶歇脚，聊天消闲，听书娱乐，一坐数小时，何等逍遥自在。

1956 年以前，虹桥集镇有八家私营茶馆，都有风雅的店号，而且尤其喜用“兴”字。1930 年前后，蒲汇塘南有“西兴”“复兴”两家茶馆开业，成为南街最热闹的市口。1946 年后，蒲汇塘北岸有“文才”“王福兴”“金合兴”“治兴”“新山”“曹安邦”六家茶馆开业，一“兴”再“兴”，为集镇增添了不少人气。这些茶馆，小的面积只有 50 平方米，大的有 120 平方米，内设十几张八仙桌或长方桌，配有老虎灶或七星灶，以及长嘴铜吊、紫砂壶、小瓷杯等器具，而有的茶客喜欢自带铜茶壶。茶馆提供热水和茶叶，茶资每壶人民币 8

分。茶客大多是附近中老年农民，以及手艺人、泥水工、木工、石匠等。每天设早茶、午茶两档，内场大的茶馆午后会安排“跑码头”的说书艺人前来演唱，书目大多为传说戏文故事，一般要连说十几天，甚至一个月。有时也由本地艺人上场说沪书、敲单片（钹子）、锣鼓书、唱滩簧等，给茶客凑个热闹。本地人通称为“说书”，评弹为“大书”，其他为“小书”。

茶馆内有特殊的氛围，乡人喜欢评说本地新闻，也有人专程到此讲茶评理。蒲汇塘里各色泊船之间或船夫与乡人之间，难免会产生些纠纷。此时，王福兴茶馆老板就会邀请船帮老大过来茶叙，当场解决事端，几乎成了“百口衙门”。

行街表演

农历正月十五日，上元节，俗称“正月半”。人们以灯兴市，称作“闹元宵”。届时，本地集镇寺庙会竖起高竿，上设数层竹架，竹架如同倒张的雨伞，各个角上悬一串彩色灯笼，远观如塔，人称“塔灯”。农民在田间用竹竿挂起灯，称为“望田灯”。

每年元宵节，为虹桥蓬场庙庙会“出灯”之日，除“塔灯”外，附近宅基村民会肩扛自制灯笼赶来参演。元宵灯会持续三天，人流如潮，场面壮观。到了正月十九日，附近王家弄村民会敲锣抬轿赶到蓬场庙，将“猛将神像”抬到自己村里出巡，直到第三天下午再送“老爷”回庙归位。小闸集镇的“东蓬场庙”，每逢庙会日也会高竖“塔灯”，集队表演，昼夜热闹非凡。

庙会日娱乐活动的高潮是“行街表演”。表演依约定路线行进，由“臯龙灯”开道，各式花名灯依次相随，随后“荡湖船”“打田发”“摇荡橹”“跳财神”“抬阁”等舞队争相出场。沿途各户家门悬灯结彩，燃放鞭炮，谓之“迎灯”。舞队停下来表演，迎灯人家以饮食或钱钞酬谢。结束前，在寺庙广场集队表演，称“赛灯”。出场表演者自娱娱人，玩一个痛快。各支队伍互相竞技，争一个体面。观赏者扶老携幼，人流如潮，可谓盛况空前。

1986 年 10 月 4 日，首届上海县艺术节的民间文艺行街表演，在莘庄举行，虹桥乡表演队以《荡湖船》和吉他队参演，引起轰动。

1986 年虹桥荡湖船

上海县首届艺术节虹桥表演队

1989 年虹桥乡首届艺术节开幕

民间歌手三毛哥

“我是一只山歌鸟，毛主席把我当成宝。”1977 年 7 月 1 日，一批法国友人在虹桥乡参观时，饶有兴趣地欣赏了当地一位 50 多岁的山歌手的演唱，还为他拍摄了影像资料。这位自喻“山歌鸟”的老人，即是在上海地区享有盛誉的民间歌手三毛哥。

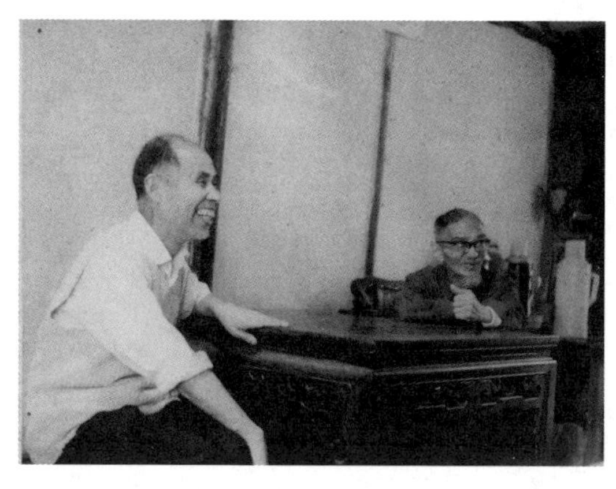

三毛哥(余建光)

三毛哥，本名余建光，曾用名余规贤，1924 年生于吴淞地区一个贫苦农家。1932 年，淞沪战争的炮火毁了他的家，只得随父母逃难到嘉定县黄渡乡定居。11 岁进厂做童工，又多次失业。抗战时期，他在青浦县庄堰一家米厂做工时，受族兄钱序阳烈士的影响，参加了由顾复生领导的新四军游击队。他负责跑交通，来往于青浦与昆山之间，在敌伪眼皮底下开展红色活动。上海解放后，他做过统计员，后转入国营商业单位，长期生活在虹桥乡。在 1980 年从上海县政府招待所退休之前，曾被多次调动工作，但他任劳任怨，连年获得先进工作者称号。

余建光没有读过书，但自幼聪颖好学，酷爱民间歌谣。田头息工、场头纳凉、乡邻迎亲、父辈庆寿时，他就喜欢听能歌善说者唱山歌、讲俚语。凭着口耳相传，暗自牢记，他先后学会了 80 多种民歌曲调，满腹尽是传统田山歌、情歌、谜语歌，只要有人想听，随口就能唱出一长串。唱山歌成了他苦难少年生活的安慰，高兴时，引吭高歌，宣泄欢快；哀伤时，低吟浅唱，排遣愁思；劳累时，驱散疲惫，激励他人。同时，由于他历经旧社会的困苦生活，有强烈的重获新生感，对新社会充满感恩之情，“心里甜滋滋，喉咙痒丝丝”，便时常放歌抒怀，从而练就了一副“刮拉松脆”的好嗓子。因头发过早地脱落，他给自己取了个艺名叫“三毛哥”。

1958 年，“新民歌运动”兴起后，余建光更是如鱼得水，满腹新民歌似泉涌。他不断将生活感受编成新歌，到处尽情演唱。一次，走过瓜田，社员们围住他说：“今朝是孟姜女过关，不唱过不去。”他正有事在身，一再推托，可众人说：“你头发一搔一只歌，脚步一跨又是歌，你是土秀才，不饶你。”余建光只得乐呵呵地满足了大家的要求。

1958 年 7 月，余建光加入中国民间文艺研究会。7 月 9 日至 17 日，他有幸出席全国民间文学工作者大会，用多种地方曲调演唱山歌《想北京，到北京》。会议期间，见到毛泽东、邓小平等中央领导人，并合影留念。

余建光先后在书刊发表民歌近百首，并有数十首被选入《红旗歌谣》《上海民歌选》等书刊，特别是与全国著名民歌手郭龙桂合出的《歌唱新农村》一书，获得广泛的好评。他经常说：“我伲是小菜吃新鲜，山歌唱眼前。”因此，应时应地，有感而发，颂扬新生活，歌唱身边事，成为他口头创作的主要特点。他热爱生活，贴近时代，熟知农民的喜怒哀乐，先后创作的近 3 000 首新民歌，虽难免受到时代的局限，但都富有浓厚的生活气息和真情实感，色彩十分鲜明。由于他唱得多，记得熟，加上精益求精的钻研精神，使他对上海民歌的曲调、韵律、语言、句式等特征及其变化，能了如指掌，运用自如。因此他的民歌内容清新，形式活泼，格调开朗，旋律优美，而一旦把它记录成文字，则更具有极强的文学价值。

最令人难忘的是余建光和虹二大队大队长殷文忠联手作词的《种菜想

田头演唱

着吃菜人》，经莘庄公社项天旭、张煜邦谱曲，由上海县文化馆金秀芬老师精心编排成为“表演唱”。1966 年上海市举行第七届《上海之春》文艺汇演，虹桥镇排演的表演唱《种菜想着吃菜人》以田头劳动朴素的演绎，一炮打响。随着“太阳出来红殷殷，人民公社万年青，丰收山歌唱勿尽，越唱心里越开心呀……”的歌声，只见来自虹桥乡虹二村的十位十八九岁的姑娘赤脚穿黑色布鞋，颈挂白色土布毛巾，以欢快的歌唱和活泼的舞姿，再现了菜农坌地、撒籽、踩田、挖潭、种菜、浇水、治虫、推车送菜等场景，由于贴近生活，形式新颖，引起轰动。上海各大报刊刊发新闻，电视台、电台一再播出，中央新闻纪录电影制片厂、上海电影制片厂还将其拍成纪录影片，在全国放映，声名远播。

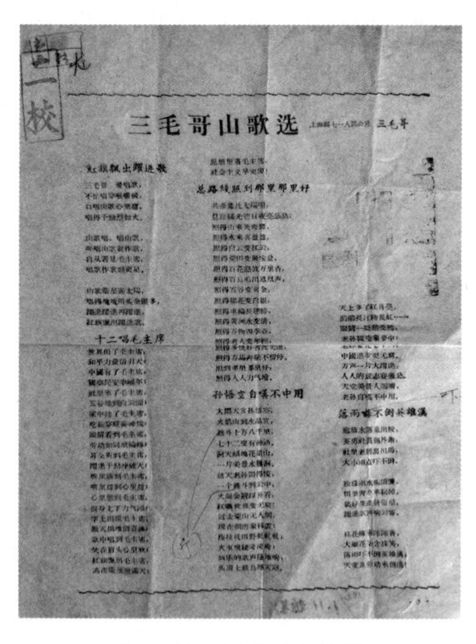

一校

三毛哥山歌选　三毛哥

红旗飘出跃进歌

总路线照到哪里哪里好

十二唱毛主席

孙悟空自叹不中用

《三毛哥山歌选》校样

谁料“文化大革命”期间，余建光遭遇“嗓子贴封条”。粉碎“四人帮”后，他年近花甲，壮心不减，着手编创长篇叙事山歌。1978 年，他出席上海市举办的《天安门诗抄》朗诵演唱会，演唱《赞总理》。可惜不久后他不幸身患肿瘤，1980 年底提前退休，后病情不断恶化，于 1983 年 12 月 12 日逝世，年仅 59 岁。

虹桥皮影戏班轶事

小金泉皮影戏班

虹桥镇许文达从小喜欢皮影戏,年轻同好有本镇钱友根等,都师承七宝镇南王家巷的马舜良(1886—1942),成为七宝毛门皮影戏班第四代传人。

1920年前后,许文达在虹桥集镇建立小金泉皮影戏班,自任班主,演出剧目有《封神榜》等。

高玉林成了新闻人物

井亭村高家塘的高玉林(1921—1980),少年时曾到七宝镇上学过皮影戏。他只读完小学,虽然文化程度不高,但十分聪明能干,开河工地上要是没有仪器测算土方,他只用一根皮尺丈量一下,就能报出个准确数字。

1951年的春节前夕,经历了土地改革后的乡亲们想热闹一番,纷纷鼓动高玉林领头搞几场皮影戏演出。他满口答应,马上动手。于是,张家送来一张牛皮,李家送来一张羊皮,又有四五人前去帮忙,终于把影人做出来了。

年三十晚上，男女老少围在一起，挂起一块白幕布，后面悬了盏煤油灯，高玉林一人同时操纵三个影人，皮影戏就开场了。乡亲们拍手叫好，后来建立了井亭头皮影戏班，每年演出达六七十场，演出传统剧目有《三国志》《隋唐演义》《水浒》《薛仁贵》等。

虹桥公社里的皮影剧团

《新民晚报》报道书影

1957年深秋时节，一批下乡干部来到这里（时称虹星合作社），高玉林等老社员们为表示欢迎，当夜特地为他们演了一场《薛仁贵征东》。下乡干部黄华的下乡日记以《看社员演出的皮影戏》为题发表在1957年12月23日的《新民晚报》上。他的日记生动地描绘了当时的情景：

那是个暗星夜。田野里，风刮得很大，天气也挺冷，然而在井亭庙里却是热闹异常。汽油灯亮亮的挂在椽子上，底下是我们下放的干部，是来自四面八方的农民兄弟们，有男的女的，也有老的少的，和成群结队的孩子们。三间大殿，挤得满满的，差不多连一点回旋的余地都没有了。

演出皮影戏的一共是六个社员。两个管说管唱，又兼做表演，其他四个包括了文武场面：一个司鼓，一个拉二胡，一个吹笛子，还有一个兼管大小锣。演出的形式大致接近于京剧，比如上下场以及锣鼓用的是京剧里的套子。

音乐也很好，笛子声、二胡声和着婉转悠扬的嗓音，给人一种难言的美。而且动作的爽朗，处处流露出农民们纯朴的风格。

这场皮影戏从制作、编写以至于上演，都是那些老社员们一手搞起来的。坐在我身旁的农民何友生告诉我，主持这场皮影戏的，名字叫高玉林。他是大社里的一位出纳员，人挺和气，办事也能干，皮影戏

是他业余的嗜好。他能写善画，喜爱小说，并在小说中丰富了他的创作源泉。到现在为止，能上演的除《征东》《征西》外，还有《杨家将》《封神榜》《三国演义》等十来个剧目。他经常率领社员们到就近的合作社去演出，而且还得到上海市文化局的表扬和奖赏。最后，他郑重地说："皮影戏，在我们这里只有过年过节或者办喜事才演出。而今天，就是我们全社的大喜事。不过，你们看了这种陈俗的东西，千方要多提意见呵。"

夜深了，我离开了井亭庙。外面的风仍旧刮得很大，但是我的心却是暖暖的。

1958年某日，生产队里集体开夜班结束时，高玉林去拉电闸时突然遭受电击，手指被烧伤。为此，队里照顾他进了公社饲料加工厂工作。但他仍坚持为乡亲们表演皮影戏，还编演了不少用影人表演的《选举人民代表》《大家搞卫生》《抗旱保苗》《人民公社万岁》等宣传节目。1960年2月27日，《新民晚报》专题报道了他的事迹。

最后的皮影戏班

因爆发"文化大革命"，本地皮影戏班全部解散。

1980年春节，以赵金山领衔的华漕皮影戏班在上海县文化馆正式公开演出，随后恢复了到周边乡镇巡演。

虹桥乡的皮影艺友闻讯即重新组建"虹桥皮影戏班"，由陆耀根领衔挂帅，成员有徐顺桃、沈纪余、马金兴、马关根、张顺其、沈进兴、姚金发、诸同兴等。

"虹桥皮影戏班"的排演活动一直坚持到20世纪末。幸存的最后一箱戏班皮影道具如今保留在"七宝皮影艺术馆"内。

2007年6月，七宝皮影戏被列入上海市非物质文化遗产保护名录。张家塔宅基的张林权（生于1941年）一向是叶金舟皮影戏班的艺友，闻讯就动手绘制了100多个影人道具，在当地文化中心展出，宣传皮影艺术。

20 世纪 80 年代虹桥广场演出皮影戏

江南丝竹在虹桥

民国初期,为了让年轻弟子收住闲心,不走邪道,虹桥地区不少农户自家出资购置乐器,以优雅动听的丝竹演奏自娱自乐,以致江南丝竹音乐得以在当地广泛流传。

20 世纪 20 年代,周沈巷、褚家湾等宅基邀请名师传授,率先形成丝竹小乐队,后来徐长桥宅基、虹桥集镇等亦有了丝竹小乐队。他们常常应亲朋好友之邀,以客串形式上门演奏助兴,而不取分文,俗称"清客串""清音班"。

当时,本地殷实人家办喜事都有邀请"清音班"的习惯。先是随同男方花轿到女方家"娶亲",此后"路行"到男家;再是"拜堂",最后是送入洞房,丝竹演奏始终不停。演奏的保留曲目有《行街》《夜行船》《望妆台》等。义务演奏丝竹音乐的班社,广受人们欢迎,其成员大多受到社会的尊重,人称"先生"。

抗战胜利后,本地丝竹演奏活动趋向"正规"。1946 年,徐鹤生等在虹三村陈更浪组建"友谊国乐社"。1947 年,周根林等组建"国乐联谊社"。他们经常在婚丧喜庆、节日庙会场合献艺演奏,广受好评。

1949 年后,各地庆祝活动持续不断。"土地改革"开始后,乡村一派欢天喜地的景象,丝竹班社大显身手。那些以往没有班社的村宅里也响起了丝竹声。1953年,石更浪丝竹班(负责人金元善)、先锋村勤劳国乐社(负责人陈杏周)和井亭村丝竹班(人员20多人)相继成立。这些丝竹班社除应邀为婚嫁人家义务演奏外,经常服务于社会公益活动,如有新兵入伍,奏乐护送到乡镇政府所在地;村队粮棉丰收后,奏乐送喜报;劳动模范出席重大会议时,也要奏乐护送一阵。

随着社会主义建设步伐的加快,大型节庆活动均由行政机构统一安排,传统地方民俗活动不再有发起人而自行放弃,各种庙会因种种原因相继停办。普通职工、农民忙于生产,业余文化活动趋于单纯的唱唱歌曲和看看书刊,"调丝弄竹"的闲情也似乎没有了。丝竹演奏活动渐行渐远,缺乏高手传人。至20世纪50年代后期,多数宅基自建的丝竹班社自行解散。

据1960年1月21日《新民晚报》报道:1月15日晚上,上海群众艺术馆举办江南丝竹交流演出,虹桥公社的丝竹队应邀参演,且演奏者大多是青年人,打破了"丝竹演奏只有老年人"的局面。

进入60年代,由于自然灾害频发、政治运动持续,乡村文艺活动转入低潮时期。

1985年,虹桥镇丝竹爱好者重又相聚在一起,操起各自喜爱的乐器,不定期地开展演奏和交流活动。

1989年7月,在虹桥乡文化中心站支持下,"虹桥国乐社"宣告成立,以虹四、虹桥、虹春、虹二村文艺骨干为主,时有沈立智(扬琴),石泉、沈顺利(琵琶),陈桂兴(三弦),牧佐渭、杨德宏(二胡),杨涟法(中胡),王顺根(秦琴),李玉兰(阮),王建源(葫芦丝),胡裕盛(曲笛),何全娣(中胡),张顺桃(板)等会员20多人,平均年龄68.5岁,最高达81岁。每逢周三下午集体练曲,风雨无阻。1999年度活动40多次,乐队在练习和演奏江南丝竹八大名曲外,还学奏广东音乐《走马》《连环扣》《娱乐升平》和古典名曲《霓裳曲》《灯目交辉》等。为活跃气氛,乐队还请业余演员插唱沪剧,客串演唱特受欢迎。另外还负责镇老年文艺队的演出伴奏。

1997年7月至8月,闵行区举办首届艺术节,将民族音乐活动作为亮

点。7 月 28 日晚，在莘庄影剧院广场举办广场民族音乐会，虹桥镇丝竹乐队参加了现场展演。

1999 年 9 月 22 日下午，闵行区第二届艺术节暨虹桥镇第五届艺术节活动项目之一的“欢乐在虹桥 · 上海市江南丝竹交流演奏会”在新桥村侯家塘“社员之家”举行。这次大型活动由虹桥镇人民政府、闵行区文化局、上海市江南丝竹协会联合主办，邀请国内外 11 支丝竹乐队参加交流，其中有日本京都江南丝竹会一行 10 人，长宁区新泾镇国乐社、仙霞国乐社，宝山区新华国乐社，普陀区长征国乐社，南汇县祝桥清竹民乐队，浦东新区老年国乐社，南市区中国国乐社，闵行区古美街道南一居委丝竹队和闵行区民族乐团小乐队，东道主虹桥国乐社等。参奏乐手 210 人，此外还邀请 30 多名乐队代表，参加者的着装均为由东道主赠送的印有《欢乐在虹桥》字样的 T 恤衫。侯家塘的 500 多个村民或坐或倚门靠窗聆听，兴趣盎然地观看了这场演出。

虹桥国乐社(摄于 1999 年)

2002 年 9 月 1 日虹桥镇丝竹队表演

本地“回娘家”习俗

媳妇回娘家,古称“归宁”,本地俗称“望爷娘”。本地人结亲大多就近婚嫁,讲究门当户对,乐意嫁与经济收入较高、交通方便的虹桥、新泾、梅陇、龙华等蔬菜区男子,称“朝东嫁”;家贫农户无奈娶青浦、松江邻县棉粮生产区女子为妻,称“讨西头人”。

本地流传着一首《回娘家》歌谣,生动地描述了旧时风情,其中也可窥见不少民间甘苦:“梁山头上鹁鸪啼,嫁囡嫁到太湖西。大船去仔摇勿归,露水荡荡自家归。左手拿了尿布归,右手抱仔小囡归。大大看见孙囡归,跨河过去打野鸡。阿奶看见孙囡归,两件衣裳顶倒披。阿爸看看女儿归,撑仔小船买肉去。阿妈看见女儿归,揩台摸凳笑眯眯。阿哥看见仔妹归,关转门墙假读书。阿嫂看见姑娘归,关转北窗碰布机。小妹看见一包气,抢仔小囡就回去。”

自古“女儿归宁,为母浣涤,以报亲恩”。而本地有谚称“娘家饭香,婆家饭长”。因此,“女儿回娘家”必须讲究乡风习俗,选择适当时机,免得产生人际矛盾。

在新婚蜜月时,本地通行新娘子“六朝回门”“小满月”。新婚第六天,应当安排新娘子回娘家看望父母,俗称“六朝回门”。届时,新郎备了两只红饭篮的馒头和糕饼作礼物,陪同前往。一般当晚在日落前返回夫家,路远才可居住娘家。但新娘子第一年逢正月不可居住在娘家,俗称“正月新婚不空房”。新婚满月之前,新娘若有事回娘家,当天必须返回婆家。临近满月,新娘兄弟可邀请新娘单独回娘家,称“邀满月”。过了数天,娘家兄弟赶到男方家邀请,让新婚夫妻一起回娘家,称“大满月”,新郎当天返家,新娘则在娘家住上几天再由新郎接回去。

新婚满月之后,本地通行要选择“好日子”。逢农历二月初二,媳妇事先裹好粽子,待娘家兄弟过来相邀,一同回娘家。农历七月初二回娘家,俗称“讨夏衣”。事先,娘家会为嫁出去的女儿做几件夏时衣衫。待“新小囡”满月,媳妇回娘家时应带一百只南瓜塌饼,以求“塌塌滑滑”。小囡的鼻子尖,要抹上一点灶灰或镬煤,以利一路上避邪。逢农历正月初三,通行“新夫妻拜年”,自然可以“回娘家”走一趟。农历七月初七,称“七夕”,属“女儿节”,事先需巧手制好油炸的馃(guǒ,又称“巧果”),回娘家时分赠亲友。

乡村农事繁忙,平时没有要事不便抽身,等到“秋落档”就有了专属假期。插秧结束那天,俗称“关秧门”。第二天,男主人大多上茶馆去,称“吃汰脚茶”,而女主人先要清洗家中衣物,再抽空回转娘家门,人称“插好黄秧,望望爷娘”,顺便应给父母送去蹄髈、红枣等“冬补”食品。

乡人时常戏称“回娘家似射箭,回婆家似背纤”。回娘家有了时间表,调剂了新嫁婚离家的不安心理,维系了婚嫁多年的女性与娘家的关系,构成了一年四季,乃至十二个月令里的生活节奏,这使女性的日常生活有了节庆的欢娱,也充满对回娘家省亲的期待。如某个女性在夫家的遭遇甚差,言行严格受限,此习俗可以使她有个正当的理由回娘家。

本地通行“冬至日不望爷娘”,并非因为冬至日白天日最短。旧时,乡人大多认为,新婚媳妇选择冬至节回门,会“克死”夫家家长。有俚谚警告称:“娘屋住个冬,夫家去个公。”此俗实属迷信,但乡人都不愿犯忌。

逢到除夕、中秋节,有事回转娘家的媳妇当天必须返回夫家,以寓夫家圆满、吉庆之意。

旧时,春节期间不可独自“回娘家”,称之“三石六斗米要落在婆家”。

凡是“上门女婿”,通常应当参照上述规矩行事。而“童养媳”,则通常按

婆家喜好行事,乡间无定规。

如今,因社会变迁转型,人们大多已不再讲究这些习俗,但也有人仍坚持按习俗行事。充分认识传统习俗的社会价值和思想局限性,有利于抵制重男轻女思想,协调人际关系,促进社会和谐发展。

附录

1962 年虹二陈家宅

1979 年虹桥乡村

1984 年 5 月 1 日,里根夫妇参观虹桥托儿所

历史大事记（1000—1950）

北宋咸平三年(1000)

朱姓里人建安国讲寺,开山主持名莲,后皇帝亲赐匾额。

南宋淳熙二年(1175)

蒲汇塘疏浚。

元至元二十八年(1291)

松江府决定划出华亭县东北长人乡、高昌乡、北亭乡、新江乡、海隅乡等五乡二十六保分建上海县。

至元二十九年(1292)

闰六月,松江府正式宣布设立上海县。本地区横沥河以东属上海县长人乡。

明代初

里人建造蒲汇塘木桥,取名“虹桥”。

洪武三十年(1397)

正月五日,安国寺绍宗禅师逝世。

永乐十五年(1417)

安国寺建“故僧寻司右善世一原宗法师塔”。

正统五年(1440)

秋季,安国寺遇水灾被毁。

正德年间(1506—1521)

蒲汇塘虹桥两岸、顾家弄两侧人口增多,渐成集市。

清顺治十一年(1654)

本地王继鳌获江苏巡抚周国佐题“品高玉尺”额。

康熙四年(1665)

安国寺重建,立《康熙安国寺碑》。王继鳌助田整修大殿佛像。

康熙二十二年(1683)

康熙《上海县志》出版,将“虹桥市”列为上海县新增市镇之一。

康熙六十一年(1722)

僧皈一重建蓬场庙。落成后,特邀进士凌如焕撰《重建蓬场庙记》,并立碑。

乾隆十六年(1751)

蒲汇塘“延寿桥”(后名“小闸桥”)被易为石桥。

乾隆十八年(1753)

薛鼎铭考中举人。

乾隆二十八年(1763)

薛鼎铭赴京考中进士。

乾隆三十四年(1769)

虹桥市中跨塘木桥被易为石墩桥。

乾隆四十二年(1777)

薛鼎铭《养蒙编》自序付梓。

嘉庆三年(1798)

“小闸桥”重建,咸丰四年(1854)在兵灾中拆除。

嘉庆六年(1801)

松江知府康基田主持疏浚蒲汇塘工程。

嘉庆十年(1805)

今虹桥镇地区划为上海县高昌乡。

道光六年(1826)

初秋,连续暴雨成灾,安国寺部分殿堂坍塌。次年,殿堂重修,立《募修安国寺序》《募佛座甃砖启》《募殿脊启》记事石刻。

道光九年(1829)

松江知府主持上海、华亭、娄、青浦四县开浚蒲汇塘。

道光十年(1830)

安国寺遭毁损。

道光十六年(1836)

上海县知县黄冕奉江苏巡抚林则徐之令,实施疏浚蒲汇塘工程。

道光二十年(1840)

顾晋环在虹桥集镇开设糟坊,顾氏家族开始发迹。

咸丰四年(1854)

“小闸桥”在兵灾中拆除。相传,小刀会首领刘丽川在此蒙难。

咸丰九年(1859)

蒲汇塘“小闸桥”段筑堰堵港建码头。两岸逐渐形成“小闸镇”。

咸丰十年(1860)

农历九月初五,太平军威逼虹桥地区。虹桥乡董严惠高率众应战被杀。

农历十月初一(11 月 13 日),上海县衙向各乡团练发放武器,以抵抗太平军。

十月初三,虹桥组建乡团练。

是年,安国寺连续遭受兵火折腾。

咸丰十一年(1861)

农历二月四日,虹桥乡勇征战吴淞江野鸡墩北岸,获胜。

二月十五日,虹桥团练在野奴泾东,修筑防守设施,“祭旗演炮”。

五月十三日,虹桥乡勇再次征战吴淞江野鸡墩,又获胜。

十二月二十六日,天降大雪,太平军在七宝、虹桥地区受阻。洋枪队及清兵扑来展开激战。

同治元年(1862)

正月十五日,虹桥乡团练守土乡勇支撑十昼夜,最终溃败失守。

正月二十八日,王萃元回新村,“但见一片荒凉焦土,我宅族姓之屋十去其九,宗祠被焚,家谱亦毁。我家各房庐舍幸存十之五”。

二月初八,太平军马队冲至井亭庙东,虹桥团练连日守护。

五月初四,太平军由七宝冲过新桥、虹桥,直逼徐家汇。

八月初二,太平军冲到小闸、新桥,过蒲汇塘直至王家桥、蒋家楼,一路焚烧杀掠。

九月中旬,太平军几番进退,虹桥乡团练终被击溃。

同治四年(1865)

王萃元为松江府学岁贡生。

同治九年(1870)

科并补行,王萃元考中举人。

同治十年(1871)

王鼎琳等募捐重建蓬场庙。

同治十三年(1874)

王萃龢出资再次修葺蓬场庙。

光绪元年(1875)

王萃祥为松江府学岁贡生。

光绪十三年(1887)

乡人在新泾港上建造“马路桥”(后改称“程家桥”)。

光绪十五年(1889)

王萃龢与倪绍经合辑的《参校诗传说》由守经堂刊印出版。

光绪二十年(1894)

王萃龢撰写的《重建上海城隍庙得月楼绮藻堂记》立碑。

光绪二十三年(1897)

顾孝清考中松江府学武举人。

光绪二十六年(1900)

一英国侨民在程家桥西侧开设老裕泰马房。

光绪二十七年(1901)

虹桥公路筑成开通。

光绪二十九年(1903)

乡人募捐重建东蓬场庙。

光绪三十一年(1905)

正月,王丰玉、顾镜清、蒋家凤在安国寺内创办“安国小学堂”。

光绪三十二年(1906)

正月,顾镜清、李祝清创办“虹溪小学堂”。

五月十四日,遭遇雷暴雨大风,四五公里外的朱家木桥有一棵银杏被大风刮起,夹至安国寺坠下。

光绪三十三年(1907)

王萃馨将“王氏家塾”改建为“新桥小学堂”。

光绪三十四年(1908)

武举人顾孝清和小学堂校长顾镜清筹资重建跨塘石桥。

宣统元年(1909)

农历正月,蒋永深在蒋家塘租屋创办“虹南小学堂”。

10月,浙江商人经润山在虹桥路建立“薤露园”公墓。

宣统二年(1910)

周沈巷、诸家港宅基建立“同乐丝竹班”。

宣统三年(1911)

5月,上海县实行城镇乡自治,虹桥、新泾、诸翟、江桥镇合并为蒲淞镇。蒲淞镇董事会成立,顾视清出任总董,王萃馨出任名誉董事。

是年,王萃馨《棉布论略》线装铅印出版发行。

民国元年(1912)

7月,蒲淞镇改名为蒲淞市。蒲淞市议事会宣告成立,顾孝清、王丰玉当选为议员。

8月,王丰玉由蒲淞市推选为上海县议事会议员。

是年,“丁同香蔬菜地货行”“沈合茂蔬菜地货行”在蒲汇塘北岸开业。

民国2年(1913)

1月,蒲淞市董事会成立,顾镜清出任总董(2月辞职。9月又复职。)

2月,顾镜清当选江苏省议会议员,出席第一届省议会会议。

5月19日,顾镜清赴南京参加江苏省第一届议会第一次临时会。

11月4日,顾镜清参加江苏省第一届议会第二次临时会。

是年,蒲淞市议事会改选时,王丰钟当选议员。

民国3年(1914)

3月,蒲淞市议事会改选,王萃昌当选议员。

民国5年(1916)

10月1日,江苏省议会复会,顾镜清出席。

是年,程家桥老裕泰马房被改建成高尔夫球场俱乐部。

虹桥路"薤露园"扩建成"万国公墓"。

民国8年(1919)

2月,顾视清出任蒲淞市董事会副经董(1923年,改任名誉董事)。

民国9年(1920)

是年,虹桥集镇设邮政代办所。

许文达在虹桥集镇建立小金泉皮影戏班,自任班主。

民国10年(1921)

1月,虹桥机场工程征地等建。

6月29日,虹桥机场辟建工程基本竣工。

是年,井亭庙改由尼姑主持,更名"明净庵"。

民国15年(1926)

是年,沪西蒲淞市筹资修建安国寺。

公共租界工部局在虹桥路主导建立"虹桥公墓"。

民国16年(1927)

蒲松市改称蒲松区。

民国17年(1928)

7月12日,虹桥路程家桥至徐家汇交通大学间始行公共汽车。

7月,蒲松区(含虹桥乡)划归上海特别市。

民国20年(1931)

美籍苏格兰人所办盲童学校迁至虹桥路1850号。

民国21年(1932)

沪上名医丁福保、丁惠康父子在虹桥路创办"虹桥疗养院"。

民国23年(1934)

4月,虹桥机场再次征田,进行扩建。

民国24年(1935)

5月,虹桥集镇由上海华商电气公司供电照明。

是年,俞姓人家在王家弄购地建造俞氏宗祠,人称"红祠堂"。

"荣航轮""便利轮"客运航线开通,均途经虹桥集镇。

民国25年(1936)

农历正月十五,"同乐丝竹班"携舞龙队参加漕河泾黄家花园元宵节灯会演出。

是年,修筑漕宝路。

民国26年(1937)

农历正月十五,蓬场庙灯会盛况空前。

8月9日,驻丰田纱厂日本海军陆战队中尉大山勇夫率一等水兵斋藤要藏驶车直闯虹桥军用机场进行挑衅,机场守军上海保安一团士兵阻止无效,开枪击毙。

8月13日,日本侵略军借此向上海发动大规模军事进攻,"八·一三"淞沪抗日战争爆发。

10月18日上午10时,日军飞机三架空袭虹桥镇,投弹七枚。

10月20日,日军飞机三架飞临虹桥镇投弹六枚,顾氏"黑墙头"和"明远堂"宅院大部分被炸毁。

11月19日,日军占领虹桥地区。

是年,小闸集镇也开设蔬菜地货行。

民国27年(1938)

2月25日,伪上海市大道政府合并法华、蒲淞、漕河泾三区设置沪西区,并列为特区(1943年8月改称第四区)。

2月,日伪军在虹桥路架铁丝网,设出入口。

8月,中共地下党员徐林铨从上海市区回到诸陈家宅。

8月22日晨四至五时,抗日游击队与日伪军在虹桥飞机场之西、近青浦公路处交战甚烈。

是年,王丰翰之子王辅民(后名王师存)赴延安参加革命。

民国28年(1939)

1月,抗日游击队活跃在虹桥路飞机场一带。

2月,虹桥镇伪镇长胡汀粉墨登场。

4月8日下午,日伪兵指认河南杂货店毛桂香等二十余人为游击队,解送梵王渡日军司令部。

4月18日至19日,日伪军在虹桥路旁与抗日游击队发生遭遇战。

7月上旬,淞沪游击纵队第三支队第一大队第三中队活跃在虹桥机场附近。

7月18日晚上,新四军"江南抗日义勇军"廖政国团袭击虹桥机场。

民国30年(1941)

中共诸陈家宅地下党小组成立。

民国31年(1942)

日伪当局实施"清乡"政策,修建封锁线隔断城乡交通。

民国33年(1944)

7月6日,伪虹桥警察大队到诸陈家宅等村催交军警米。地下党员徐林铨等鼓动村民开展抗议斗争。次日,分三路赶到伪上海特别市政府请愿。

民国34年(1945)

1月,地下党组织在小杨家宅创办"复华小学"宣传抗日。

5月14日,淞沪支队"衡山"部队击毙"忠义救国军淞沪行动总队"总队长殷丹天。

12月,国民党上海市政府按警区管辖范围设区。

是年,中共地下党组织创办复华小学,晚上办农民夜校。

民国35年(1946)

冬季,龙华区中共地下党在周沈巷、褚家湾、塘湾三个村宅开办市立第九十六民众学校。

是年，诸金才在徐虹西路（今吴中路）北开办“农兴茶馆”，成为中共地下党联络站。

上海闻人顾嘉棠在虹桥建造“顾家花园”。

民国 36 年（1947）

年初，蒲淞区改称新泾区，虹桥地区属新泾区。

秋季，中共党组织将女党员施怀宁主持的市立第七十五民校从城区移到虹桥镇上。

是年，中共地下党员组织建立“虹桥国乐联谊社”。

民国 37 年（1948）

夏季，中共诸陈家宅党支部成立。

民国 38 年（1949）

5 月 24 日，解放军总攻上海市区。第 27 军攻占虹桥机场、虹桥镇。

5 月 25 日，虹桥集镇正式宣告解放。

6 月，新泾区接管委员会接管虹桥镇。

1950 年

6 月，虹桥乡人民政府成立，辖十一个行政村，含虹桥集镇和四十八个宅基。虹桥乡时属新泾区。

安国寺绍宗舍利塔祭文碑

（明洪武三十年·1397 年）

维洪武三十年，岁次丁丑正月甲寅朔，越七日庚申，皇帝遣神宫监少监保、旗手卫、百户王肃，谕祭于僧录司右善世绍宗。尔其俯伏谛听，帝有谕焉，曰：呜呼！聪明人寓世必知天命，尔右善世绍宗踵佛之道，以心役神，驭之于宵，尽猿不便，儇马不纵，驰铁脊凌空。俯察溟溟，仰观四禅，如斯锻炼，精魂已有年矣。呜呼！诚有可验，命入匡庐。致谢礼于天眼周颠者，佛之威灵日暮也。舒大光于天西如来，衣绯衣，现半身于光内神灯。自五祖道场越大江摩天而下，又神光覆碑亭，尔绍宗与内竖及外官良心者数人，得见于斯之时，良心昭格，如来至此二千五百九十余年矣。尔僧善能感应，以致如来树白毫相光于夕阳之上，岂不美哉。今闻讣音，加趺长往，特命祭以素羞。尔其有知，服斯谕祭，尚享。

当年十月初吉，愚徒臣僧云裔、斋沐誊录命工勒碑，奉供先师墓前，普示诸人，以彰圣恩师德。谨识。

安国寺嗣法徒孙比丘志光立石。

按：安国讲寺始建于北宋咸平三年（1000），位于今虹桥镇吴中路 588 弄一带。安国寺主持绍宗禅师，法号圆智，字一原，别号遂初，洪武二十六年(1393),应召有事赴庐山南麓鹤鸣山峰下主持开先寺。洪武三十年(1397)正月五日,端坐而化。徒众奉收舍利遗骨,归葬于安国寺。20世纪80年代时,碑存虹桥乡新歌无线电厂墙内(今吴中路1001号、1715号)。碑文录自《法华乡志·方外》。

故僧录司右善世一原宗法师塔铭碑

（王达撰，明永乐十五年·1417年）

明翰林院侍读学士、奉直大夫、锡山王达撰。

中顺大夫、直隶松江府知府、江右黄子威篆额并书。

太祖高皇帝受天明命，君临四海，遵前王之大法，主一代之成规，苟可以善世导民者，莫不引而进之。深谓释迦之教，化民为善，有阴翊王度之功，不可废也。为之达官，以领其教，名师硕德往往出于其间。洪武癸酉，云间一原宗公应召至京，会朝廷有事于庐岳，奉命而往，将事之日，有光起于山中，竣事而归，奏对称旨，赐金襕僧迦黎道具等服，擢为僧录司右讲经。洪武乙亥冬，升右善世、赐如初而倍之。越二年，示端坐而化，时丁丑正月五日也。高皇帝亲为文，遣中使致祭于公，士庶莫不感慕。开经之日，会送者数千人，其徒志翔、云裔等奉舍利遗骨，归葬于云间肄业之安国寺，而塔建于寺后。云裔以上天竺兰公所伏师平生事实，谒予文，铭其塔。按，师讳绍宗，字一原，别号遂初，上海陈氏子。年十三依里之安国寺出家。寺创于宋咸平三年，敕赐寺基匾额。遂礼佛澄为师。十五剃落，二十受具戒。时静庵镇法师为学者，发明台衡之事，于时思讲寺师侍轮下，闻其讲说，深有所契，镇公悦，俾典宾客事，公退居安国，复升往天竺之普福师。亦亲炙不少懈，进居忏师。于是大明衡台一家之旨，慨然有任道之意。名山巨刹闻师名，聘师交至，师俱谢弗往。后上竺东冥日公虚隐,用贞良公诸宿,德勉师出力,乃说法于杭之长庆,向者云集,大新其刹。洪武丙寅额僧录司,檄迁往吴兴,复往长乾,为京师胜刹。仁公一初以右讲经主之,四方学者踵至,乃延师居第一座,以表率后习。云间普照久堙圮不治,师往理之,又兴安国寺十方讲寺,其扶树宗教类如此。师天资敏悟,于诸子百氏之书无所不读,乐与士大夫游。元末会稽杨维桢,字廉宇,号铁崖,侨居云间,号为儒宗,云间士大夫崇之。一初仁公时往见之,时大进,致士大夫叹赏。尝曰:"吾祖之教,解行并进,如鸟两翼不可偏废。今学者往往溺于文字,修行实德全然罕闻。"遂取其宗清规刻而传之,使丛林有所持循。师为人端谨,戒行精严;其持已也,凛然秋肃;其接物也,蔼然春温。遭遇恩宠,始终如一。所至之处,士庶信仰,庶几手能阴翊王度者矣。世寿六十,僧腊四十有五。行度弟子志妙、志兼、昙裔、昙弈等达为之说偈曰:宗公蚤精进,其传自衡台。泝流而至源,深契诸佛意,遂坐于道场,转无上法轮。广度诸众生。今获大饶益。俨然人所钦,在在悉敬仰。忽薪尽火息,诸幻亦皆灭。慧光恒圆满,朗然照四方。四大虽分散,有不灭者存。舍利所在处,鬼神诃护之。我今说此偈,过者应顶礼。

大明永乐十五年龙集丁酉二月初吉。

嗣法徒弟比丘志翔、法侄比丘志最敕石同立。

按:明永乐十五年(1417),安国寺建"故僧录司右善世一原宗法师塔",塔铭由翰林院侍读学士王达撰写,松江府知府黄子威篆额并书。僧志翔、志最勒石立《御赐祭绍宗禅师碑》,记述明太祖御祭事。铭文录自《法华乡志·方外》。

历代书目及作者

薛鼎铭，字象山，号苇塘，虹桥薛更浪人，清乾隆二十八年(1763)进士。撰《明志堂述训编》二卷、《养蒙编》二卷、《墨谱》三卷、《桃研斋诗文稿》、《春余吟诗文稿》，纂修乾隆《浦江县志》二十卷。

薛乃鲲(1822—1883)，字凤三，号春畲，晚号病渔，清嘉庆年间虹桥人。撰《课余杂记》《云间同登录》《特秀集》等，辑修《汪氏龙江支族家谱》。

薛乃畴，字献九，号访庵，清嘉庆年间虹桥人。撰《观物偶记》《知次录》《算学心悟》，辑《桃研斋诗文稿》。

薛日熙，字台卿，薛乃畴之子。撰《仪礼津逮》。

王萃元，字子俨，号陆生，清咸丰年间虹桥新桥人。撰《星周纪事》二卷、《易文别裁》、《易防》。

王萃龢，原名王昌序，字子诜，清咸同年间虹桥新桥人。撰《审一居诗文杂著》三卷，辑《韵学汇编》二卷、《说文札记》十卷、《参校诗传说存》二卷。

王萃仁(？—1907)，字蕉声，别号绿天居士，清光绪年间虹桥新桥人。撰《碧纱笼诗集》。

王萃馨，字子良，清光绪年间虹桥新桥人。撰《棉布论略》。

蒋恩，字芹芳，清光绪年间蒋家楼人。撰《兵灾纪略》二卷。

后记

编写出版《古镇七宝史话》《梅陇史话》《莘庄史话》之后，按计划编写《虹桥史话》，早已积累了大量素材却无暇静心整理成册，适逢2022年春季遇上新冠病毒严重疫情，趁上海全城“封控”而社会长时间“静默”之机，潜心投身史料，细作梳理成文，总算实现了夙愿。

独力完成《虹桥史话》的编写，主要得益于《虹桥镇村宅志》和历代地方文献，力求其具有内容丰富的资料性，有据可溯的真实性，雅俗共赏的可读性。

张乃清

2023年3月

上海闵行地方文史丛书

（闵行区文化发展专项资金资助项目）

第二辑

《浦江史话》
《吴泾史话》
《马桥史话》
《颛桥、莘庄工业区史话》
《梅陇、古美史话》
《莘庄史话》
《七宝史话》
《虹桥史话》
《华漕、新虹史话》
《江川史话》
《浦锦史话》

第一辑

《闵行秀·老屋大观》
《闵行秀·古迹寻踪》
《闵行秀·乡土墨客》
《上海闵行英烈》
《上海闵行红色地图》
《百年沪闵路》（修订本）
《海派乡土文化》（修订本）
《20世纪上海乡土图像》
《上海闵行历代著姓望族》
《上海闵行地方古籍提要》